工作是最好的投资

金文◎著

山東文藝出版社

图书在版编目（CIP）数据

工作是最好的投资 / 金文著 . —济南：山东文艺出版社，2018.9

ISBN 978-7-5329-5584-8

Ⅰ. ①工… Ⅱ. ①金… Ⅲ. ①工作方法－通俗读物 Ⅳ. ① B026-49

中国版本图书馆 CIP 数据核字（2018）第 195449 号

工作是最好的投资

GONGZUO SHI ZUIHAO DE TOUZI

金文　著

主管单位　山东出版传媒股份有限公司
出版发行　山东文艺出版社
社　　址　山东省济南市英雄山路 189 号
邮　　编　250002
网　　址　www.sdwypress.com

读者服务　0531—82098776（总编室）
　　　　　　0531—82098775（市场营销部）
电子邮箱　sdwy@sdpress.com.cn

印　　刷　北京嘉业印刷厂
开　　本　710 毫米 ×1000 毫米　1/16
印　　张　14
字　　数　200 千
版　　次　2018 年 9 月第 1 版
印　　次　2018 年 9 月第 1 次印刷
印　　数　1~2000
书　　号　ISBN 978-7-5329-5584-8
定　　价　42.00 元

序言 <<<<

工作是你的新资产

曾几何时，股市、楼市把许多人的目光吸引了过去，“办公室可以不进，但交易厅不可不进”成为人们的最好写照。但随着经济危机的到来，股市、楼市相继“变脸”，越来越多的人从不屑于谈论工作、整天谈论股票及地产投资的发财梦里醒了过来，重新审视工作的价值——只有工作才是家庭财政真正稳定的来源。

2009年5月号总第37期《职场》杂志提出的“工作才是最好的投资”的概念就很好。在这一专题里，王舒婧明确指出了什么是“工作资产”，著名商业观察家、出版人陆新之先生参与了评论。

工作资产是个体通过人力资本投资形成的，存在于个体本身，它能够为其带来持续性的收入。

嫌这个描述太复杂，好吧，我们来举一个简单的例子：

小王大学毕业时，用人单位普遍开出了每月1500元的工资标准，这1500元就是小王十几年学习的人力投资形成的资产价值。工作五年后，小王跳槽，新单位开出了每月5000元的工资标准，5000元就是他全部学习和工作实践累积形成的资产价值。而5000元减1500元所得的3500元，则是他工作五年累积形成的新增资产价值。

是什么决定了小王在职场中达到5000元的资产价值，换句话讲，是什么决定了小王可以拿到5000元的月薪？这个决定性因素就是工作资产。

这下你彻底明白了吧，所谓“工作资产”，就是你在职场中值多少钱。用陆新之先生的话来说，就是“它表现为你在工作中展现出来的劳动价值及以此获得的收益”。工作资产最大限度地决定了你在裁员潮袭来时处于什么位置。

无独有偶，2009年，美国《时代》杂志推出“改变世界的十大新观念”专题文章，勾勒出人类社会未来大发展的美好愿景。其中一条就是“工作是你的新资产”。

我们不仅可以从房子和投资组合中提取价值，还可以从自身提取价值。提取这种价值的途径是什么呢？——工作。“从工作中获得的收入，类似于证券投资的收益。”约翰·斯霍普金斯大学经济学家克里斯托弗·卡罗尔说，“把工作当作个人资本的一份红利。”

总体来说，“工作资产”主要包含两个方面：一是有形资产，即我们通过工作按时按点领取的薪水和公司根据我们的表现不定期发放的奖金等以货币形式给予我们的劳动补偿；二是无形资产，即无法用实物衡量的那部分所得，比如工作中认识的重要的人、提升工作技能的培训、你在公司里的职位等，虽然可能无法立即变现，但它们是属于你个人的隐性资产。

曾有人说过这样一句话：“活在一个不进则退、随时随地把竞争力挂在嘴边的时代，一份卑微的薪水追不上通货膨胀的速度。”所以说，无形资产比有形资产更重要。但无论是有形资产还是无形资产，都涉及一个最基本的问题：如何更快更好地获得工作资产？

《职场》杂志提出了自己的观点，一个被我们称为“4+4=3”的模型，即人的四种内在积累“兴趣、技能、价值观、个性风格”和四种外在因素“职业机会、工作生活经历、学习经历、遇到的重要的人”相互作用，结果最后会通过“自我认知、同理心、审时度势”这三方面表现出来。《职场》认为，这个“4+4=3”的模型将决定你的工作资产，以及你在职场上可以成为谁。

四内因、四外因通过一定比例勾兑在一起之后表现出来的三方面，即是影响我们工作资产的三大要素。第一，自我认知——明白“我”是谁，清楚“我”的职场核心竞争力是什么、“我”能做什么、“我”希望在什么领域获得长久发展、“我”在这个领域工作是否有优势。第二，同理心——能够换位思考，明白对方是谁，了解对方的优势在哪里、对方要达到的目的是什么、对方的顾虑是什么、对方和我之间有什么优势互补。第三，审时度势——了解大环境。除了知己知彼之外，还要了解大环境的变化和走向，包括公司的大环境如何、大多数人的意见和观点是什么，等等。

事到如今，工作还不配充当你与友人的谈资吗？关于“工作资产”这么重要的人生探索，越早开始越好，因为我们不知道自己到底要花多少时间才能搞清楚自己需要什么，以及自己所追求的存在价值是什么。

目录 <<<<

Chapter 1　工作是最好的投资
——Who？你在为谁工作？

个体所拥有的工作资产在经济泡沫破裂时是最经得起考验的——至少比美元坚挺得多。

——美国《时代》杂志

Chapter 2　你对待工作的态度里，藏着你的未来
——What? 正确的工作态度是什么?

一个人把工作当成职业，他会全力应付；一个人把工作当成事业，他会全力以赴。

——王永庆，台塑集团创始人

Chapter 3　快速突破的关键点
——How？如何让工作更高效？

不会学习的人不会成功，不会总结的人难以战胜失败。

——李嘉诚，世界华人首富

Chapter 4　与办公室政治共舞
——Read？你会“读人”吗？

与人交往的时候，要多听少说。这就是上帝为什么给我们一个嘴巴两个耳朵的原因。

——马云，阿里巴巴集团创始人

Chapter 5 老板讨厌这样的员工
——Why？为什么不提拔你？

一个人智力有问题，是次品；一个人的灵魂有问题，就是危险品。

——牛根生，蒙牛乳业集团创始人

>>> Chapter 1

工作是最好的投资

——Who？你在为谁工作？

个体所拥有的工作资产在经济泡沫破裂时是最经得起考验的——至少比美元坚挺得多。

——美国《时代》杂志

薪水只是工作残留下的“糟粕”

英国物理学家法拉第说：“我不是为了高薪的报酬，工作本身就是一种报酬！”

“我只拿这点钱，凭什么去做那么多工作？”

“工作嘛，又不是为自己干，我只要对得起这份薪水就行了。”

……

诸如此类的想法，相信大多数人并不陌生，尤其是当代年轻人，表现得更为强烈。在他们眼中，工作就是一种简单的雇佣关系——“我为公司干活，公司付我一份报酬”，做多做少、做好做坏，对自己意义并不大。

其实，工作是一粒多情的种子，只要你播种，就会萌芽、收获。它不仅能使我们赚到养家糊口的薪水，还能锻炼我们的意志、拓展我们的才能、完善我们的人格，并最终让我们赢得社会的尊重、实现自己的价值。

日本经营之圣、两家世界500强企业的缔造者稻盛和夫曾经说过：“工作所得不单是领到薪水而已。工作可使我们的心灵得到一定程度的满足。事实上，通过工作，我们可以发现人生新的意义。”

1901年，当安得鲁·卡耐基创办的钢铁公司被美国钢铁公司收购时，美国钢铁公司必须履行的合约之一就是给卡耐基公司首席执行官查尔斯·施瓦布支付那个时代闻所未闻、最低100万美元的巨额年薪。这个要求，令美国钢铁公司的创办者皮尔庞特·摩根甚是作难。那时，有记录的最高年薪也只有10万美元。摩根会见了施瓦布，含糊其辞地征求施瓦布的意见。

“这个好办。”施瓦布说着便将合约撕得粉碎。事实上，在此之前，卡耐基支付给施瓦布的年薪是130万美元。

“我并不在意他们支付给我多少薪水。”施瓦布在接受《福布斯》杂志采访时告诉记者，“我并不是在金钱的刺激下才干劲十足的。我相信，我所付出的，一定能得到回报。因此，我没有一分钟的犹豫，便撕掉了那份合约。我为什么要工作？我是为了在工作中找到满足和乐趣。我知道，在发展中存在着满足，在创造中也存在着满足。不是因为热爱而工作的人，既不可能赚到更多的钱，也不可能找到更多的快乐。”

从宾西法尼亚州的一个卑微的山村马夫，到美国最著名的企业家之一，查尔斯·施瓦布成功的秘诀就是——他从不把薪水视为重要的因素，他只关心新职位是否更适合自己的发展，能否给自己带来更多的快乐和满足。

施瓦布非常清楚，当下的薪水多也罢，少也罢，与他将来注定要获得的财富相比，太微不足道了。只有快乐和满足感才会让他更加热爱他的工作，同时，更多的财富已经在不远处向他频频招手了。

炎炎烈日下，一群工人正在铁路的路基上工作。一辆豪华列车缓缓驶来，这群工人不得不暂时放下手头的工作。火车驶到他们面前时，突然停住，最后一节车厢的窗户打开，一个友善的声音从里面传出来："大卫，是你吗？"工人队长大卫回答说："是的，吉姆，能看到你真高兴。"寒暄几句后，大卫就被喊他名字的人——铁路公司董事长吉姆邀请到了火车上。两人谈了一个多小时才握手话别。

火车离开后，工人们立刻把大卫围住，为他居然是公司董事长的朋友而感到吃惊。大卫告诉工友，二十年前的某一天，他和吉姆同时开始为铁路公司工作，并且在一起工作了很长时间。有人因此半开玩笑地问大卫："为什么吉姆已成为董事长，而你却还在太阳下工作呢？"大卫意味深长地说："二十年前，我为每小时1.75美元的工资工作，而吉姆却在为铁路事业工作。"

同样的起点，同样的环境，不同的工作态度造就了两个完全不同的结果。是的，不为薪水工作，工作给予你的要远比你为它付出的更多。如果你只为薪水而工作，你的生活将因此陷入平庸之中。

"如果只把工作当作一件差事，或者只将目光停留在工作本身，那么即使是从事你最喜欢的工作，你依然无法持久地保持对工作的激情。但如果把工作当作一项事业来看待，情况就会完全不同。"微软公司董事长比尔·盖茨如是说。

台湾著名企业家、台塑集团创办人王永庆也不止一次地告诫自己的员工说："一个人把工作当成职业，他会全力应付；一个人把工作当成事业，他会全力以赴。"工作就是积累经验的过程。在工作中，哪怕是一些小事，我们也应该当成大事去做。工作本身就是一种报酬！

工作是获得知识与提高技能的最好途径，仅仅做一名旁观者，你的能力永远也不会有所提高。充分掌握你所从事的工作的唯一方法便是积极主动地参与其中。

杨昊是一家公司的销售部经理。前段时间，公司新推出了一种产品。为了争取更大的市场份额，公司准备找一家信誉好的经销商合作，并且对经销商大幅让利。

杨昊作为销售部经理，对这件事十分重视，亲自上阵联系业务。他到了第一家公司，表明自己前来的意图后，接待他的女员工微笑着对他说："对不起，我们老板出差去了，我做不了主。"

杨昊听了有一点失望，但还是继续向她介绍公司推出的这款新产品，以及进行渠道开拓的设想，试图得到她的理解和回应。但令他失望的是，不管他费多少口舌，对方虽仍是笑脸相迎，但话绕来绕去只是那一句："对不起，我们老板不在，我做不了主。"

无奈之下，杨昊只得去了另一家公司。真是凑巧，这家公司的老板也不在。正当杨昊带着失望的表情打算离开时，接待他的那名女员工却主动向他询问新产品的信息。杨昊隐约间觉得此员工非彼员工。于是，他向她进行了详细的介绍。

在杨昊介绍产品信息的过程中，那名女员工不住地点头，最后说："我觉得这是一个不错的项目，可是我们老板碰巧不在。这样吧，您明天能不能送几个样品过来，我先看一下。晚上我就跟老板联系，把自己知道的情况向他进行详细的报告。"双方谈得非常愉快。

第二天，杨昊就送去了样品。那位女员工已经和老板通了电话。她的老板也很看好这个项目，让她在他回来之前，全权负责这件事，先进一批货试销。

结果，因为上货及时，这家公司净赚了10多万元。老板很高兴，决定再进一批货。就在这个时候，杨昊去的第一家公司给他打电话，希望进一批货。但仓库里的存货有限，加上杨昊对第一家公司的印象不太好，他就把所有的货发给了第二家公司。

后来，杨昊把这件事告诉了第二家公司的老板。老板当然非常高兴，对自己的这名员工很是满意，不仅在公司全体员工大会上表扬了她，还对她进行了提拔与奖励。

我们常常讲敬业，到底什么是敬业呢？敬业就是敬重、尊崇自己的工作！敬业表现出来的就是主动负责、一丝不苟的工作态度。多一份付出，就多一份收获；多一次机会，就多一次锻炼；多一次经历，就多一笔财富。

工作是每个人生命中最重要的组成部分，是人生成功的基础。只有理解了工作的意义，把工作当成自己一生的事业，你才能全身心地投入其中，才能享受到工作的乐趣，感悟到工作的真谛。

日本明治和大正时期的财政官员、大实业家涩泽荣一先生在一次朋友的聚会上，讲了这么一个故事：

他的家乡琦玉县有一个名叫“阿贺野的九十郎”的七十多岁的老人，每天早出晚归地做生意。有一天，他的孙子们聚在一起，劝他说：“爷爷，别干了，我们家的钱和田地已经够多了。您去伊香保安享晚年吧！”九十郎听后，一脸不悦地回答说：“我的工作就是我的乐趣，现在叫我别干了，就是让我放弃我的乐趣。真是一群不孝的家伙。你们动不动就说钱，钱只是我工作残留下的‘糟粕’。”

真心希望今天的我们能像涩泽荣一老先生口中的“阿贺野的九十郎”那样，积极地享受工作的乐趣，积极地积攒工作残留下来的“糟粕”。所以，请谨记：永远不要只为薪水而工作！薪水虽是工作的报酬，却不是最重要的回报。用我们的青春和汗水换取资源和机会，获得快乐和满足，这才是我们应该从工作中获得的最宝贵的东西。

千万别不把工作当宝藏，因为真的会挖到宝

工作是最好的滋补品、最好的化妆品和最亲密的恋人。

有这样一则故事：

一位终生务农的老人在临终前对儿子们说，自家田地里埋有宝藏，要他们刨出来用。老人去世后，几个儿子把田地翻了数遍，也没有找到任何宝藏，非常灰心。然而，他们在找宝藏的时候深翻了土地，对庄稼成长十分有利，到秋天获得了前所未有的好收成。老人的儿子感叹，原来田地里真有宝藏。

如今，即便是从事农业劳动的人，亲自刨地的也不多了。但是，这并不意味着现在就没有宝藏可挖了。宝藏在哪里？它就在你的工作岗位上。

也许有人会说："我不是经理，也不是老板，工作岗位平平常常，哪里

有什么宝藏？”所以，他们常常对别人说：“我的岗位太微不足道了，根本没有施展才华的机会。如果我是老板，肯定会做得很好。”但事实上，真的会如此吗？

赵乐是一个颇有才华的年轻人，但对待工作总是漫不经心。许多朋友都劝他认真工作，但他的回答永远是：“这又不是我的公司。如果是我自己的，我一定会比老板更努力，做得更好。”

一年以后，赵乐离开了原来的公司，自立门户，注册了一家小型公司。“我会很用心地投入工作，把公司做大、做强，因为它是我自己的。”这是赵乐离开公司时对同事和朋友说得最多的一句话。

仅仅半年时间，由赵乐一手创办并精心操持的完全属于自己的公司就由于经营不善而被迫关闭了。“我真切地体会到了当老板的不容易，竟然有那么多的事情要处理，实在是应付不了。”赵乐重新回到了打工族群体。

事实上，岗位平凡并不代表学不到东西、做不出成绩。只要你肯努力、肯钻研，一定会有收获。

王淇大学就读的专业是行政管理，毕业之后，她很幸运地找到了一个与自己专业完全对口的职位——某化妆品公司董事长助理。交接工作那天，前任助理出于好心，很诚恳地对王淇说：“在这个职位上工作简直就是浪费时间，你可要想好了。”

前任助理的话也不是空穴来风，因为助理的任务就是收发公文、做会议记录、安排董事长的行程……通俗点说，董事长助理就是董事长的“大管家”，不管大事小事，都需要亲自过问，琐碎之极。

但王淇从来没有觉得这个职位的工作是枯燥无聊的，相反，她倒觉得在这个岗位上可以学到很多东西。在王淇看来，每天接触公司决策文件，可以看出董事长批公文的思路；一场场会议记录可以让她见识到企业是如何经营的、决策又是如何产生的……

“如果从老板的角度去看待任何一份工作，你都会发现它的价值所在。”王淇的这一工作理念为她日后的成功奠定了坚实的基础。

五年之后，那个曾经“逃走”的助理不知际遇如何，但王淇已经成为一家年盈利超过100万的公司的老总。

作为一名员工，如果能站在老板的立场上看待自己的工作，那这份工作所带来的荣誉感和使命感就会清除掉你在工作中遇到的一切不如意，你就会越干越有劲。慢慢地，你会发现，工作是你最好的滋补品、最好的化妆品和最亲密的恋人。

在很大程度上，“挖掘岗位上的宝藏”代表的是一种大处着眼、小处着手的使命感和责任感，一种对于绩效、投入、质量、品牌等方面持续执着的专注精神。

比如，你是一家肉店的伙计。突然有一天，肉店的营业额超乎寻常地低，没有赚到多少利润。这和作为一般店员的你并无关系，因为这不属于你的工作范畴。你只要把肉卖给顾客，收取肉钱就可以了。但若你是一个从老板的角度思考问题的员工，就会想尽一切办法寻找其中的原因：是价格低了，还是隔壁有人新开了一家肉店?

要彰显自身价值，让人生发出金色的光芒，请着眼于自己的工作岗位。只要在工作过程中站在老板的立场上深入思考、积极行动，你就可以在最短的时间内取得最大的进步，并且很快从众人中脱颖而出。

加班是一件保赚不赔的事

> 快乐要加班，不快乐也要加班，何不快快乐乐地度过这段时光呢？

有这么一个段子在网上很流行：

记者："可以采访你一下吗？"

上班族："好啊。"

记者："使你感到痛苦的事是什么？"

上班族："加班。"

记者："比加班更痛苦的呢？"

上班族："天天加班。"

记者："比天天加班更痛苦的呢？"

上班族："免费加班。"

记者："天哪！我们真是同病相怜啊！"

加班，每个职场人都熟悉，可能很少有人没有加过班。离下班时间还有10分钟，上司却交代了一大堆工作，或者是已经下班了，但手头的工作并没有整利索，这个时候，就非得加班不可了。

眼看着就要“解放”，却又被迫留下来，这的确是一件非常痛苦的事。然而，这就是上班族的无奈——只要你还想在工作岗位上继续做下去，只要你还对光明灿烂的未来心存向往，你就不得不无条件地加班！

既然是不能拒绝的事，愁眉苦脸或是抱怨不停，又有何益？说不定还会因为加班效率不达标而受到批评呢！所以，我们不如心平气和地爽快接受，学做职场阿Q，加班也要快快乐乐！

28岁的沈小姐是一家规模中等的房地产公司的经理助理，加班于她而言，不仅不是负担，反而是一种享受。到底是怎么回事呢？让沈小姐亲自为我们揭开谜底吧！

我们做文秘的，加班的很大一部分工作就是回复电子邮件。因为给客户的回复内容多数是大同小异的，所以我们有一个专门的模板，只要按照固定的格式填进不同的抬头和时间就行了。

当然，碰到较熟的客户，而心情又比较好的时候，我会撇开模板写封真挚的信。这样发出的信，得到的回复常常同样很有个性。有的客户还会在信里向我个人问好或者用上好看的信纸，我的心情也会因此变得好起来。

后来，在加班的时候，我常常针对不同的客户回复不同内容的邮件，不再用模板里统一的“此致敬礼”或者是“顺颂商祺”之类的，而是将回信当作一次练笔的机会，享受写作的快乐。

以前，加班回复电子邮件是一种任务、一种负担，但是一点改变却能让我至少不讨厌这个过程，特别是在客户夸奖我文笔好的时候。

其实，加班快不快乐就是一个心态的问题，如果你有抵触情绪，肯定会不开心。所以，当你不可避免地要加班的时候，不妨像阿Q那样，想开点。加班就加班，有什么大不了的，反正闲着也是闲着，一群同志陪着我呢。怎么样，心情好多了吧！以这样一种积极的态度去面对，你会发现，加班并没有那么可怕，甚至还会给你带来意想不到的收获。

丁先生是一家公司的普通业务员，在休息日加班出差是常有的事。其他同事对独自离家去外地出差厌恶之极，丁先生却能甘之如饴。奥妙何在？请听丁先生细细给我们道来。

在我们公司，加班还意味着出差，出差也是加班。在外面忙了一整天，回宾馆除了给家里打个电话就无所事事了，实在是又累又无聊。有一次，一个偶然的机会，我在网上碰见了一个同学。巧的是，他和我正在同一个城市出差。我们马上约了个地方见面，把酒言欢了一下。要知道，平日里大家都在忙工作，想聚会还不一定找得出时间，这下倒好，反倒是在异乡出差的时候有时间见面聊天。意外之余，我收获了一次愉快的出差经历。

接下来，我就学乖了，出差之前，先在同学录或者MSN上“吼一嗓子”，把我即将去的地方告知各位。运气好的话，就会遇到同道的人。我们甚至可以一起订机票，一起订酒店。到了外面，我们白天各干各的活，晚上碰个头一起聊。人多的话，还能凑个牌局，好像回到了无忧无虑的学生时代。最重要的是，平淡的出差生涯变得有盼头、有滋味了。

创造加班的“附加值”，丁先生的做法真是一绝，值得借鉴！

事实上，任何一个兴旺发展的企业，都不可能不加班。万科、中海、华为……每一个优秀的企业，都会有一大批全身心奉献的人，都会有一大批以加班为乐的人。

说到这里，可能有人会认为加班就是为了公司，其实这种想法是完全错误的。下面是一位万科老总的一段话：

两个人具有同样的专业水平、同样的聪明程度，同时进入公司，一个按时上下班，另一个每天要在公司多工作两个小时。一年以后，两个人在公司的发展会是一样的吗？在社会上的价值会是一样的吗？让你做老总，你会喜欢、信任哪一个？答案是不言而喻的。

把万科的管理人员逐个数数，哪一个不是从“惨无人道的加班”（万科公司前常务副总经理莫军语）中历练出来的？有人说王石只顾自己潇洒，哪里知道王石曾是万科最大的工作狂？公司初创时期，王石在等飞机的空闲时间，都要去仓库参加装车，更不要说写字楼里的无数不眠之夜了。

上学的时候，你学习好，可能你的学校、你的班级、你的老师也会获得荣誉。但是好好想想，你学到的东西最终存在于谁的脑袋里？——还是在自己这里。同理，加班是一件保赚不赔的事情。

如果有一天，别人问你辛苦加班为了什么，大声地告诉他——为公司，也为自己呗。

孙振耀：适合自己才是最好的

好工作，应该是适合你的工作。

无论你是纵横职场多年的跳槽一族，还是忙于求职应聘的待业青年，抑或是一名意气风发的在校学生，都会期望找到一份好工作，又都会不约而同地向身价不菲的“打工皇帝”唐骏看齐——唐骏俨然已成为职场中人或即将踏入职场之人的偶像。

然而，到底什么是好工作？能否进外企、拿高薪就是工作好与坏的衡量标准吗？那好，进了外企、拿了高薪之后呢？我想大家都不是太清楚了。也许我们可以从惠普中国区前总裁孙振耀先生的退休感言中，找到属于我们自己的答案。

鉴于大家对唐骏的高度崇拜，孙先生就以唐骏开篇，来论证外企员工并非如常人所想象的那般光鲜。

很多大学里的年轻人向往唐骏的职业生涯，我在清华BBS里发的帖子为这些学子们所不屑。那个时候，学生们只想出国或者去外企。不过如今看来，我是对的，唐骏去了陈天桥创立的盛大——一家民营公司。

作为高学历海归在500强公司里拿高薪，这大约是很多年轻人的梦想。问题是，每年的大学毕业生都在做这个梦，好的职位却只有500个。

人都是要面子的，也是喜欢攀比的，即使在工作上也喜欢攀比，不管那是不是自己想要的。大家认为外企好，可是好在哪里呢？

好吧，他们在比较好的写字楼工作，这是你想要的吗？他们出差住比较好的酒店，这是你想要的吗？别人会羡慕一份外企公司的工作，这是你想要的吗？这一切都是给别人看的，你干吗要活得那么辛苦给别人看？

实际上，他们薪水福利一般，并没有特别了不起。他们的晋升机会比较少，很难做到很高阶的主管。他们虽然厌恶常常加班，却不敢不加班，因为“你不干有的是人干”。你想清楚了吗？500强一定好吗？找工作究竟是考虑你想要什么，还是考虑别人想看什么？

论证了进外企拿高薪并非是所有人的最佳选择之后，孙先生接下来又针对在大学生中盛行的“出国潮”，列举了自己大学同学的情况，说明出国也不是那么好玩。

我的大学同学大多数都到美国了，甚至毕业这么多年了，最近还有人到国外去了。出国真的有那么好吗？我的大学同学大多数还在博士、博士后、访问学者的身份当中挣扎着，至今只有一位在一所美国大学里拿到了正式的教职。国内的教授很难当吗？我有几个表亲也去国外了，他们的父母独自在国内，没有人照顾，有好几次昏倒在家里都没人知道。出国，真的这么光彩吗？就像有人说的，“很多事情就像看A片，看的人觉得很爽，做的人未必”。

那么，到底什么是好工作呢？你认为某工作最好，是因为你对该职业进行了透彻的分析，认为它的发展前景广阔，还是因为别人说它是最好的？就算它对于别人是最好的，对于你也一定是最好的吗？孙先生给予我们如下回答：

对于自己想要什么，自己要最清楚，别人的意见并不是那么重要。很多人总是被别人的意见影响，亲戚的意见、朋友的意见、同事的意见……问题是，你究竟要过谁的一生？

人的一生不是父母一生的续集，也不是儿女一生的前传，更不是朋友一生的外篇，只有你自己能对自己的一生负责，别人无法也负不起这个责任。自己做决定，至少到最后，自己没什么可后悔的。

对于大多数智力正常的人来说，所做的决定没有大的对错，无论怎样的选择，都是可以尝试的。比如你没有考上自己向往的那所大学，没有进入现在这个行业，这辈子就过不下去了？就会很失败？不见得。

最后，孙先生强调，好工作，应该是适合你的工作。

具体点说，好工作应该是能给你带来你想要的东西的工作。你或许应该以此来衡量你的工作究竟好不好，而不是拿公司的规模大小、外企还是国企、是不是有名、是不是上市公司来衡量。

小公司，未必不是好公司；赚钱多的工作，也未必是好工作。你还是要先弄清楚你想要什么。如果不清楚自己想要什么，你就永远不会找到好工作。因为你永远只看得到你得不到的东西，你得到的，都是你不想要的。

作为一个刚踏入职场不久的新人，我非常感谢孙先生给我们这些后辈带来了如此宝贵的职业指导，让我们明确了追求的方向、努力的目标。

如果这些文字没有分享给你，那是我的错。如果这些文字分享给你了，你却没有读，继续走弯路，可不要怪我哦。

在找工作之前，先想好这三点

做自己喜欢做的事情，做自己擅长做的事情！

通过阅读惠普中国区前总裁孙振耀先生的退休感言，我们在职场奋进的目标明确了——好工作，应该是适合自己的工作。但问题又来了，什么样的工作才叫适合的工作呢？我们怎样才能找到适合的工作呢？

智诺信职业顾问专家认为，适合的工作有三大标准：

第一，工作性质、内容符合个人职业兴趣，能够激发工作热情和职业志趣，并且个人的能力（包括通用能力结构、专业知识和技能等）能够满足工作需要、达到工作标准。也就是说，个人（通过努力）能够胜任工作，工作本身也能够为个人能力的充分发挥提供有效平台。

第二，工作能够为个人提供可持续发展的空间，或者能够为个人的可持续发展提供某一个阶段的积累。也就是说，适合的工作应该让从业者看到工作的未来，看到自己事业发展的前景。也许这个工作不是从业者的终极目标，但是它能够让从业者明确自己所能得到的锻炼机会和提升范围，明白这个工作是自己不断成功的重要的有机组成部分。

第三，工作的薪资待遇能够客观体现个人的职业价值。即使在从业者实施职业转型、职能转换过程中出现价格起伏，这个起伏也完全在从业者的接受范围之内。没有薪资保障就说明从业者的跳槽求职是低效甚至失败的。

你所选择的职业是不断向职业成功迈进的基础，脱离这个实际基础，说什么都是空谈。智诺信职业顾问专家想我们之所想，急我们之所急，为我们总结了找到适合的工作的两大步骤，特摘录下来，与大家共享：

第一，自我分析：既包括心理学层面的客观评价，也包括对以往经历的价值点评估。

这些信息实质上是进行个人职业定位的元素。个人的人格特征、性格特点和兴趣类型等对于确定个人的职业基本方向有着核心指导意义。另外，要对个人的以往教育、工作情况进行详细分析，要从以往的职业行为中获取职业价值点。然后根据个人实际情况，整合个人的专业技术、学识、能力和（工作与行业）经验等，在职场中寻找到适合个人兴趣、认可个人职业价值的职种、职位。这个复杂的流程才是真正科学客观的职业定位。

第二，落实切入点，实施生涯规划：在切入点明确的基础上，我们要不惜一切努力地获取它。

只有实际的工作载体才代表着个人的职业发展进入了快车道。跳槽求职、晋升加薪的过程，个人应该清晰地知道自己到底想要什么、在工作上能够获得什么……这一切又在个人的职业生涯中处于什么地位、提供什么价值，也是去和老板谈判的筹码。

如果没有切实可行的职业生涯计划，个人的职业行为将处于盲目状态，极有可能为了“高位高薪”走偏了发展道路，甚至走的是最掉价的模式。如果职业理想目标无法一步到位，就要考虑如何多步到位。职业生涯规划应该讲求效率，光定个大方向，解决不了实际的工作载体问题，是没有任何意义的。

结合自己的兴趣、资质，按照上述建议梳理一下自己的职业经历，明确一下自己的职业定位，就可以让自己少走许多弯路，大踏步迈向成功。

把工作折腾成自己想要的样子

> 挖掘职场成长的内在动力，轻松破解职业倦怠，这是一个员工自我提升的基础能力。

有没有觉得工作一段时间以后很不开心？有没有觉得自己没有得到应有的待遇？有没有觉得工作像一潭死水，每天上班都是忍受痛苦？有没有很想换个工作？有没有觉得这份工作当初是因为生存压力而找的，实在不适合自己？你从工作中得到你想要得到的了吗？你每天开心吗？

网络上愤怒的人很多，但你有没有想过，生活本来就是平淡的，而平淡的日子需要我们自己找乐。如果你是上述“愤青族”的一员，不妨向下面这位刘小姐学习学习。

刘小姐是北京一家文化公司的一个普通录入员。如果要说她和别的录入员有什么不一样，那就是她在工作中找到了一项新的乐趣——偷偷地和别的录入员进行一场比赛。

首先，刘小姐选择了坐在她对面的女同事。那个女同事的录入速度是每分钟120个字，而刘小姐是每分钟100个字。

20个字的提高，对于任何一个录入员来说，都是一个挺容易实现的目标。可是，这却为刘小姐的工作找到了无尽的动力。她再也没有时间来发“工作枯燥无聊”的牢骚了，而是全力投入自己设定的“游戏”中。

一个月后，已经具备了每分钟140字录入速度的刘小姐又为自己找到了新的奋斗目标——向录入组组长挑战，组长的速度是每分钟180字。

渐渐地，刘小姐的变化开始被周围的同事发现——她总能快速地完成工作，而且错误率极低，这让人对她刮目相看。

那年年底，在公司照常进行的业务考核中，刘小姐获得了第一名。而改变命运的机会也同时到来了，录入组组长刚好调换工作，刘小姐当然是最合适的接替人选。

这仅仅是一个开始，刘小姐并没有放弃学习。她不满足于只当一个录入员，又给自己设定了一个新“游戏”：向编辑看齐。

刘小姐利用休息时和同事聊天的机会，经常向编辑请教一些专业问题，还自己买了与编辑相关的专业书，规定自己每天必须看一到两个小时。一年以后，刘小姐在自己的“游戏”中又一次胜出了，她考入了北京印刷学院的编辑出版学专业，并最终获得了学士学位。

如今的刘小姐已经是这家文化公司的正式编辑了，而她至今也没有放弃自己的“小游戏”，仍然不断地在心里向专业水平更高的职场前辈们发起挑战。

在任何一份工作中，80%以上的事情都是烦琐而机械的，怎样才能让自己的心灵远离枯燥与乏味，感受到工作的乐趣呢？刘小姐采取的方法是一个不错的选择——把工作作为一个课题来攻克，解决难题，人就有了兴趣。

学会升级自己的思维模式，给自己“加油”，挖掘职场成长的内在动力，轻松破解职业倦怠，这是一个员工自我提升的基础能力。要学会自己安排工作，尽量把工作折腾成自己想要的样子。学会自我激励，才能自我成长。

追求工作中的快乐之道，需要我们明确一个前提：那就是快乐不是唾手可得的，它既非一份礼物，也不是一项权利，你得主动寻觅、努力追求，才能得到。

在南方的海边有一个很大的鱼市场。几年前，这个鱼市场是一个没有丝毫生活气氛的地方。大家每天把鱼从船上卸下，又把它们装进岸上的筐里，日复一日、年复一年地重复着同样的劳动。他们整天抱怨，生活也因此变得更加沉重。

一次，迈克和朱迪打赌，他们都声称自己往筐里投鱼最准。于是，他们决定来一场比赛。比赛开始了，规则是在一定时间内看谁往筐里投的鱼最多。好奇的人们都围过来观赛，并且有好多围观者加入了比赛。后来，他们开始在工作中比赛，看谁往筐中投鱼投得最快最准，获胜者将会被众人拉去喝酒。再后来，他们一个创意接着一个创意，一串笑声接着另一串笑声，再也没有人认为他们的工作乏味了。

有时候，鱼贩们还会邀请顾客和他们一块玩投鱼游戏。即使是怕鱼腥味的人，也很乐意在热情的掌声中试一试。每个愁眉不展的人进入这个鱼市场，都会笑逐颜开地离开，临走时还会情不自禁地买下一些鱼。

这种工作气氛还影响了附近的上班族，他们常到这儿来和他们用餐，共同分享他们工作的快乐。甚至还有一些公司的中层领导专程跑到这里来，向鱼贩们请教快乐的秘诀。

鱼贩们的做法不仅给自己枯燥沉重的工作找到了乐趣，还是一种不错的刺激销售的方式——把销售过程转化成一次让人难忘的亲身体验。

有句话说得好："生活中不是缺少美，而是缺少发现。"同样，我们也可以说："工作中不是缺少快乐，而是缺少发现。"如果生活中只有"工作"这个主题词，压力就会缠绕着你。你要相信，再枯燥的工作也有其快乐的一面，你所要做的就是不抱怨、去寻觅。

把钱花在工作上，是最好的投资

> 与理财相比，用好现有的金钱，提高每一笔消费的性价比，才最实际。

钱是辛辛苦苦赚来的，一定要谨慎管理。职场专家建议上班族把钱用在工作上、花在事业上。

也许你会发出疑问：“投资，不就是指买基金、买股票、买房子、买金条或者买银条吗？难道工作也可以投资？”或许你还会作顿时醒悟状：“哦，我明白了，你是说让我们舍得花钱为自己充电，是吗？”

其实，这还不是我所说的“把钱花在工作上”的真正含义所在。我举个例子，可能大家就会明白了。

马梓萌是某房地产公司的售楼小姐。众所周知，此类职位对于从业人员的知识储备要求不是很高，只要形象好、气质佳、能说会侃、熟悉房地产相关政策法规和专业知识就可以了。

按照大家先前对于“把钱花在工作上”的理解，马梓萌就失去了“把钱花在工作上”这个投资权利，因为她从事的这份工作不需要进行过多的“充电”。但事实并非如此。马梓萌正是我用来阐述这一新型投资理念的最好典范。

是的，如我们所料，马梓萌作为一名置业顾问，并没有忙于参加各种培训班，拿各种职业资格证书，而是想办法花钱让自己出席一些社会活动，不一定是跟经济有关的，文化、历史、科学……只要能够获得入场资格，她都必去不误，从来不放过任何一次抛头露面、结识新朋友的机会。

“她不就是钻缝找人推销房子吗？”说到马梓萌参加这些活动的目的，大多数人都是这样回答的，然后头脑里就会勾勒出一个滔滔不绝的、惹人烦的“唠叨虫”。的确，马梓萌的最终目的确实是推销房子，但其推销手段却略胜一筹。

入场之后，马梓萌并不向任何人兜售楼盘，只是单纯地把自己放到这些圈子里面。久而久之，圈子里的人要买楼，首先想到的人就是她。正所谓：“人际关系也是生产力，朋友决定人生，而圈子决定你的未来。”

把工作当成自己的事业来做，做自己的老板，不管身处什么职位，都要倾尽自己所有的资源，用足够的投资把事情的局面打开，这就是我想说的“把钱花在工作上”。

或许你会说：“我只是一个大部分时间只需和自己人打交道的行政部门人员，没有扩大交际圈的必要。”那你也应该把金钱和时间放在跟同事的关系维护上吧。说得极端点，哪怕你是一个大门不出、二门不迈的财务人员，也要学会跟卖假发票的人打交道吧。

不管你承认与否，这些确实是很有用的投资行为。工作只有讲求方法，才能有回报。

不学习，五年高薪变低薪

绝对不要把提高工作能力仅寄望于公司培训上。

相信看过《命运呼叫转移》的朋友都记得这么一个场景，偏远山村的大龄单身汉老三（葛优饰）为了给手机充电，骑车走了几十里的山路去寻找电源。因为他知道，失去电的手机，同废铁并无区别。

人也如此，无论你“电力”多强劲、“容量”多庞大，终归有耗尽“电量”的一天，就如同你当年花大价钱买来的车子、房子随着岁月流逝会不断折旧一样。在风云变幻的职场，怎样才能让自己不断“保鲜”？

古人云：“活到老，学到老。”美国职业专家更是明确指出，现在职业半衰期越来越短，所有高薪者若不学习，用不了五年就会变成低薪者！信息社会的核心竞争，已经发展为学习力的竞争。

如果你想提高自己的工作能力、增加自己的业务知识，那么参加公司组织的员工培训是必要的。但是，帮助我们获得快速提高的最好方法未必是公司培训：中规中矩地坐进培训室，接受培训师的常规培训。

因为人绝对不可能通过一两次培训就脱胎换骨。相反，集体培训中学到的东西往往是最派不上用场的。这就好比是食堂烧的大锅菜，总没有你最想吃的东西。既是如此，那为什么大师傅还是照烧不误呢？因为这样做容易，并且不容易得罪人。

很多刚刚参加工作的职场“菜鸟”，什么都不会，却理直气壮地认为这没什么：“很正常嘛，因为公司还没有进行培训。等我接受了培训，就全都会了。”很显然，他们把参加培训和达到效果很幼稚地画上了等号。殊不知，集体培训往往只是一个遮人耳目的“过场”，你可能得不到任何具有实际操作价值的信息。

这时，你可能又要发出疑问了：“既然公司培训没有什么实际价值，那为什么许多大学毕业生在选择公司时，还是非常看重所选公司有没有组织培训呢？”

我的感悟是，期待公司培训的大都是这样一种人：他们不知道自己想要什么知识、什么技能，也不知道有哪些学习知识和技能的途径。基于这些原因，他们只好被动地等待别人来发现自己想要什么，并且等待别人主动教自己。

其实，这种想法是完全错误的，单靠听课、靠培训师机械地把同样的东西传达给所有人，你永远无法得到比别人更多的知识，永远无法提高自己的工作能力。如果你一无所知，还满怀希望地等待别人可怜你的无知而施舍你知识，那你会为你的无知付出更多的代价。

所以，绝对不要把提高工作能力仅寄望于公司培训。与其在这方面浪费精力，倒不如把更多的心思放在日常工作的每一天、每一分、每一秒。

你是刚步入职场的“菜鸟”，还是打拼职场多年的“老枪”，这并不重要，重要的是不要忘记时常给自己“加油”。因为只有这样，你才能在职业发展的道路上越走越宽、越走越顺。

干什么学什么，缺什么补什么

干什么学什么，缺什么补什么，急用先学，立竿见影。

现在的职场藏龙卧虎、新人辈出，千万不要认为，自己打拼一段时间之后，就有了“老本”；要清楚地知道，在竞争激烈的当下是没有“老本”可吃的。那么，如何让自己更具市场价值，增加获取优厚薪资和晋升机会的筹码呢？

在回答这个问题之前，我们先来看一则在职场中颇为流行的寓言：

静谧的非洲草原上，夕阳西下。这时，一只狮子在沉思：当明天太阳升起的时候，我要拼命地奔跑，以追上跑得最快的羚羊。与此同时，一只羚羊也在琢磨：当明天太阳升起的时候，我要拼命地奔跑，以逃脱跑得最快的狮子。

答案已经很明了了——像奔跑的狮子和羚羊那样，走出公司，走进课堂，为自己“充电加油”。

食疗理论认为，缺什么吃什么，吃什么补什么，滥吃一气什么也补不了。知识“充电”同样如此。所以，在我们迈出“充电”步伐之前，不妨先静下心来想一想，自己打算“充”的“电”，到底是不是个人发展、公司发展所需要的。因为每个人的发展目标和所处的职业阶段均不同，如何“充电”真得细细思量。切忌弄巧成拙，掉进“充电”误区，好事反成了坏事。

高展是一家仪器公司的推销员，他很注重提升自己各方面的能力，经常参加各式各样的培训班。市场上流行什么，什么证书最吃香，他就学什么，拿了一大堆的证书。怀揣着这些被他视为“战备粮”的各色证书，高展信心满满地认为，自己似乎什么都能干，竞争力比谁都强。

可是他忽略了一件事，那就是这些证书没有一个和公司的销售工作有关。相反，由于忙着考证书，牵扯了太多的精力，他的销售业绩不断下滑。在公司组织的一次阶段性考核中，面对考官，高展居然连所销售仪器的基本性能都回答不出来。最终，公司以高展长时间没有做出任何业绩为由，辞退了他。

在这之后，高展拿着一大堆证书应聘了好几个不同种类的职位。对方公司在看到他的简历之初，对于上面罗列的一系列证书很感兴趣；可是再一问，发现高展对于所应聘的专业只是一知半解，说不懂又懂一点，可是说深了又不知其所以然。到最后，没有一家公司肯聘用高展。

东奔西走了一个月之后，高展只找到了一份超市促销员的工作。转了一大圈儿，高展依然在做销售，可是待遇却远远不及先前的那家仪器公司。

很多人都有这样的想法，就是“多一个证书没坏处”，不管自己需不需要，先学完拿了证书再说。其实这是一个方向性错误，这样的“充电”对个人来说，不仅是金钱、时间、精神上的浪费，更糟糕的是，很容易把自己的职业观念引入歧路。

一方面，它会增长你“家有粮，心不慌”的自以为是的错误念头，觉得自己是个“通才”，干什么都不在话下。但到底自己最擅长什么、最适合哪行，却很迷茫。

另一方面，招聘单位在看到你的一大堆不成体系的培训证书后，会认为你缺乏明确的职业发展目标，选择能力欠佳。

所以，在“充电”之前，我们有必要对自己做正确而全面的自我分析。先了解自己的兴趣特长，再有的放矢，有选择性地进行进修，使“充”的“电”与自己的职业发展相匹配。千万不要一味求量，而忽视了质。

以老板的心态与老板一起做下去

工作的最高境界，就是以老板的心态与老板一起做下去!

经常听职场人说：“不求有功，但求无过。”既然持这样的“老年人”心态，你留在企业干什么呢？工作的最高境界，就是以老板的心态与老板一起做下去!

绝大多数人都会在一个社会机构中开始自己的职业生涯。只要你还是某机构中的一员，就应当抛开任何借口，投入自己的忠诚。如果能将身心彻底融入公司，尽职尽责，处处为公司着想，对投资人承担风险的勇气报以钦佩，理解管理者的压力，那么任何一个老板都会视你为公司的支柱。

有人曾说过，一个人应该永远同时从事两件工作：一件是你目前所从事的工作（也可以说是你应该做的工作），另一件则是你真正想做的工作。如果能将该做的工作做得和想做的工作一样认真，那么你一定会成功，因为你是在为未来做准备。你正在学习一些足以超越目前职位，甚至成为老板或老板的老板的技巧。当时机成熟，你已准备就绪了。

当你精熟了某项工作时，千万不要陶醉于一时的成就，而要赶快想一想未来，想一想现在所做的事有没有改进的余地。这些都能使你在未来取得更长足的进步。尽管有些问题属于老板考虑的范畴，但是如果你考虑了，说明你正在朝着老板的位置迈进。

如果你是老板，你对自己今天所做的工作完全满意吗？别人对你的看法也许并不重要，真正重要的是你对自己的看法。回顾一天的工作，扪心自问一下："我是否付出了全部的精力和智慧？"

如果你是老板，一定希望员工能和自己一样，将工作当成自己的事业，更加努力，更加勤奋，更加积极主动。因此，当你的老板向你提出这样的要求时，请不要拒绝他。

以老板的心态对待公司，你就会成为一个值得信赖的人，一个老板乐于雇用的人，一个可能成为老板得力助手的人。更重要的是，你能心安理得地沉稳入眠，因为你清楚自己已全力以赴，已完成了自己所设定的目标。

一个将企业视为己有并尽职尽责完成工作的人终将拥有自己的事业。许多管理制度健全的公司正在创造机会使员工成为公司的股东。因为人们发现，当员工成为企业所有者时，他们表现得更加忠诚、更具创造力，也会更加努力工作。当你像老板一样思考时，你就成了老板。

以老板的心态对待公司，为公司节省花费，公司也会按比例给你报酬。奖励可能不是今天、下星期或者明年就能兑现，但它一定会来，只不过表现的方式不同而已。当你养成了将公司的资产视为自己的资产一样爱护的习惯，你的老板和同事都会看在眼里。美国自由企业制度就是建立在这样一种前提之下的，即每个人的收获与劳动是成正比的。

然而，在今天这种狂热而高度竞争的经济环境下，你可能会感慨自己的付出与受到的肯定和获得的报酬并不成比例。下一次，当你感慨得不到理想工资、未能获得上司赏识时，记得提醒自己：你是在自己的公司里为自己做事，你的产品就是你自己。

假设你是老板，试想一下，现在的你是作为老板的你喜欢雇用的那种员工吗？当你正在考虑一项困难的决策，或者正思考着如何避免一份讨厌的差事时，反问自己：如果这是我自己的公司，我会如何处理？当你所采取的行动与你身为员工时所做的完全相同的话，那么你已经具有处理更重要事务的能力了，你很快就会成为老板的。

为了自己的利益，每个老板都只会保留那些最佳的职员——那些能够“把信带给加西亚”的人。同样，每个员工都应该意识到自己与公司的利益是一致的，并且努力去工作。只有这样，你才能获得老板的信任，才能在自己独立创业时，保持敬业的习惯。

不要认为理论上可以实施就大功告成了

你一定要相信自己“搞定”事情的能力比想象的要弱。

“不要认为理论上可以实施就大功告成了。”这条忠告对于正在工作岗位上打拼的你来说，实在是太重要了。尤其是刚参加工作的大学生，缺乏实际工作洗礼的他们是天真的理想主义者。他们往往认为，把事情做到“理论上看上去很美”的程度就可以了。可事实呢？当他们真正开始着手做的时候，才发现计划完全等于鬼话。

谷歌公司全球副总裁兼中国区总裁李开复在哥伦比亚大学读书的时候，就犯过类似错误。在《做最好的自己》当中，李开复老师这样写道：

1981年我在哥伦比亚大学读书的时候，法学院有一套很老的学生选课系统，是用Cobol语言编写的。法学院院长想把这个软件从昂贵的IBM主机上移植到价格低廉的DEC VAX计算机上。但是，院长找到的每一个承包商都报出了昂贵的价钱。

后来，院长打听到我是编程高手，就来找我。我很自信地打包票说，我可以把这个工作做好，而且绝对不影响秋季开学时使用。院长很高兴地付给了我7美元一小时的工资（这在当时可谓“天价”了），并问我什么时候可以有初步的结果。我承诺八月初可以使整个程序跑起来，到九月开学前还有时间调整。

我当时觉得这个工作很简单，所以并没有认真对待“八月初就初步完工”的承诺。七月份，我打了三个星期的桥牌，才开始为法学院编写软件。但我很快发现，其中很多繁杂的细节是我根本没有预料到的。到了七月底，我只好对院长说：“这个工作超出了我的想象，大概要到八月底才能跑起来。但是，应该不影响九月开学时使用。”

没想到，学法律出身的院长非常生气。他告诉我说，我不必再来上班了，他决定把这个项目交给承包商来做。因为他认为，我对工作显然不够重视，没有调查就轻易承诺，这让他失去了对我的信任。

李开复从这件事中吸取了极大的教训，深刻地体会到了“言出必践”原则的重要性。

人性本身是放纵、散漫的，其表现就是对时间的控制、目标的坚持等做得不到位，事情不能按时完成。有人也许会说，如果再给我几天时间，我一定能完成。但一件没有按时完成的工作，跟没完成没什么区别。有时，一旦过了期限，一切都毫无意义，因为客户不会给你延迟的理由。

甲问：“你什么时候能把这个漏洞修好？”

乙说：“我已经通知他们了，他们大概明天就会来修。”

一天后

甲问："维修公司什么时候来？你找的是哪家维修公司？"

乙说："他们说安排不出人来，如果可以的话，今天晚上或者明天下午就能过来。"

一天后

甲问："漏洞怎么还没有修好？"

乙说："我晚点再问问他们。"

甲说："今天下午之前不解决，明天不用来上班了。"

当你计划"一旦……"就开始某项工程时，你就为自我贻误铺下了基石。寻找巧妙的借口，或有意忙些杂事来逃避某项任务，只能使你在这种坏习惯中愈陷愈深。今日不清，必然积累，积累就拖延，拖延必堕落、颓废。延迟需要做的事情，会浪费工作时间，也会造成不必要的工作压力。

清人文嘉有首著名的《今日歌》说："今日复今日，今日何其少！今日又不为，此事何时了？人生百年几今日，今日不为真可惜。若言姑待明朝至，明朝又有明朝事。"

任何事情如果没有时间限定，就如同开了一张空头支票。只有懂得用时间给自己压力，任务才能按时完成。所以，请不要高估自己，奢望一切都会随着你的时间计划进行。理论上，这个讲座会持续两个小时，但这是在不考虑讲座进行过程中话筒是否会出现问题或者场下有没有人提出尖锐问题的前提下的理想状态。万一这种理想状态被打破了，调试话筒用了20分钟，对某个问题的争执花了30分钟，那完成整场讲座的"两个小时"又该如何保障呢？

更有甚者，在工作中，有些人满腹经纶、成竹在胸，似乎他只要一说，一切都会改变。而事实上，一切都没变。他们是典型的只说不做的“喇叭型”员工。显而易见，同那些“少说多做”的实干家相比，这些“言语的巨人、行动的侏儒”在竞争中更容易失去一切。

如果你还不能心服口服，我们可以再做个测试。假定你是某公司一名普通的在职员工，测试一下自己，看看自己能否搞定以下这些状况：

◎公司要给员工制作统一的职业装，由你去寻找供应商，进行砍价，最后拿出至少三家供应商的报价。

◎公司的一台很重要的电脑开不了机，你能否让它在一天之内正常运行起来。

◎公司食堂需要请一位专门烧清真菜的厨师，必须在三天之内到位。

当开始思考以上这些实实在在的问题的时候，你会发现，你的思路和“结合公司第一季度和第二季度的销售业绩趋向，做出第三季度的市场策划方案”相差极大——后者给了你足够的“纸上谈兵”的空间，只要你做到“看上去很完美”就可以了；而前者却截然不同，它们需要你用实际行动来回答，结果的好与坏是显而易见的，这无形中给你增加了不小的压力。

这就是“工作”和“计划”的差别。做工作是实打实，不是“纸上谈兵”。你一定要相信自己“搞定”事情的能力比想象的要弱，永远需要提升自己办实事的能力，而不是一味空谈。否则，你就会失去他人对你的信任。

>>> Chapter 2

你对待工作的态度里，藏着你的未来

——What？正确的工作态度是什么？

一个人把工作当成职业，他会全力应付；一个人把工作当成事业，他会全力以赴。

——王永庆，台塑集团创始人

专注，是年轻人最好的修行

> 人的思想是了不起的，只要专注于某一项事业，就一定会做出令自己感到吃惊的成绩来。

成功的关键不在于你涉足多少，而在于你能否把某一方面做精、做细。要真正做到这一点，就需要一个人具有专注的精神。毕竟一个人精力有限，不可能精通所有事物。正所谓“样样通，样样松”啊！

某公司外贸部有两个年轻人，一个是日语翻译，一个是英语翻译。两人都是名牌大学毕业，风华正茂。在单位领导的眼里，未来外贸部的经理就是两人中的一个。对此，两人心照不宣，在工作上暗暗较劲，你追我赶。

因为单位有日商的投资，所以单位管理层经常需要和日本人打交道。当然，那个学日语的年轻人也就经常在公开场合露面。一时间，他在单位里的口碑超过了那个英语翻译。

英语翻译坐不住了，照此下去，他肯定会处于劣势，失去晋升机会。于是，他决定凭着大学时选修过日语的基础，暗暗学习日语，准备超越对手。他几乎把业余时间都花在了日语的学习上。

几年过去了，他拥有了一张日语等级证书。他开始尝试着与日商进行会话，帮助销售人员处理一些日文的翻译工作。

同事们对他掌握了两门语言十分佩服，他自己也颇有成就感。但是，就在他自我感觉良好的时候，他翻译的一份与澳大利亚商人的英文贸易合同因在关键词汇上翻译失误，给公司造成了10万美元的损失。虽然事后公司通过谈判，挽回了部分损失，但公司董事长对此十分震怒。

他也十分内疚。为什么会误译一个并不生僻的单词，反省再三，他醒悟过来。这些年只顾着学习日语，早已荒废了对英语词汇的充实和温习，错误的发生其实是不可避免的。

他在自己的专业上败下阵来，并且在日语方面，他即使苦学几载，也无法达到对手的水平。他悔之不及。

一个人想击败对手，往往会忘了自己的优势，沿着对手的思路进行思考，照搬照抄别人的做法。但是，一个走“抄袭”道路的人是根本无法进入别人最为熟悉也最有优势的领域的。到头来，反而连自己的优势也失去了。

在这个世界上，每个人都潜藏着独特的天赋。这种天赋就像金矿一样埋藏在我们平淡无奇的生命中。那些总是羡慕别人并不断追随别人的人，是永远挖掘不到自身的金矿的。

用畅销小说《杜拉拉升职记》中的一段话来告诫那些与上文中的英语翻译有相似经历或将要有类似打算的职场人，最合适不过：

“人的精力是有限的，当你的精力花在某些方面，意味着同时你放弃了另一些方面。与其花很多精力去把弱项改造成强项，不如把这些精力放在发挥强项上，会有更高的投入产出比。”

在佛祖的眼里，谁都不会一无是处。换一个位置，换一个角度，灰暗的顽石也会发出光来，更何况是灵活灵动的人。就像凡·高，各方面都很平庸，但在绘画方面却是个天才；爱因斯坦当不了一个好学生，却可以提出相对论；柯南·道尔作为医生并不出名，写小说却名扬天下……

总之，只要你拥有一项技能，并且千锤百炼，它就会成为你一生的资本。正如美国著名小说家马克·吐温所言：“人的思想是了不起的，只要专注于某一项事业，就一定会做出令自己感到吃惊的成绩来。”

有一位男作家被邀请参加笔会，坐在他身边的是一位衣着简朴、沉默寡言的女作家。于是，他有了一种居高临下的心态。

“请问小姐，你是专业作家吗？”

“是的，先生。”

“那么，你有什么大作发表呢？是否能让我拜读一两部？”

“我只是写写小说而已，谈不上什么大作。”

男作家更加确认了自己的判断。他说：“你也是写小说的，那么我们算是同行了。我已经出版了339部小说，请问你出版了几部？”

“我只写了一部。”

男作家有些鄙夷，问：“哦，你只写了一部小说。那能否告诉我这本小说叫什么名字？”

“《飘》。”女作家平静地说。那位狂妄的男作家顿时目瞪口呆。

女作家的名字叫玛格丽特·米切尔，她唯一的作品《飘》一经问世便成了美国小说中最畅销的作品。米切尔因此名扬天下，并在世界文坛占有了一席之地。

所以说，专注，是一个人性格的体现，更是一个人成功的关键。只要你全身心地投入，就能成就自己的梦想。成功者走出的人生风景之所以比寻常人辽阔得多，就是因为他们心中只装了一条路。

敬业，是一把梯子

> 敬业，是对良知的尊重，是神圣在工作中的体现，是在工作中流露出的优秀品德与人格。

作为企业员工，每个人都有向上提升的自我期许；而敬业，正是一把可以让你的人气指数、生命价值，以及个人修养越爬越高的隐形梯子。

苏珊是一名普通的农行乡镇储蓄所临柜员。在与客户打交道的过程中，她经常会碰到一些“不和谐音符”——往往进一步就会演变成争执，上演一场激烈的唇舌之战在所难免；而退一步则风平浪静，能充分彰显农行的“和谐之美”。

有一天，一个男青年来存钱。苏珊翻来覆去地查点了好几遍青年交给她的钱，总金额就是比青年报出的数目少了100元。但青年却不认账，并说了一些不入耳的难听话，旁边其他等着办业务的客户纷纷为苏珊抱不平。在一老者的反复提醒下，青年终于从提包夹层中找出了那张粉红色的印有毛主席头像的人民币。

谁知，那个青年非但对自己刚才的蛮横言行一点不脸红，反而理直气壮地说苏珊耽误了他的大买卖。苏珊此时完全可以得理不饶人，出口怨气。但为了方便更多客户，也为了农行的形象，苏珊像对待其他客户一样为他办好业务，送他出了门。

后来，那个青年又来取款，依然一副盛气凌人的姿态。很多客户都避而远之，但苏珊还是一视同仁，热情周到，不卑不亢。有位客户悄悄地对苏珊说："对这样无理的人，你大可不必如此。"

"为什么要让他的态度决定我的态度呢？"苏珊眼里闪着坚定的光芒，"因为我在那个位置上，那里有我应尽的职责，我必须尽心尽力地服务于每一位客户。那是对工作负责，也是对自己负责。"

再后来，由于资源整合，农行撤并了部分乡镇网点，苏珊以其糅合了使命感和道德感的高度敬业精神被调进了城区分理处。苏珊走的时候，很多客户都来为她送行，拉着她的手，恋恋不舍。

读完之后，相信大部分人的感受都是："我也能够做到。"是的，敬业就是这么简单。每一分、每一秒都关注手中的工作，认认真真地完成属于你的任务，日积月累，成功就会不期然地降临到你的身上。

一位成功的企业家曾说："敬业，是对良知的尊重，是神圣在工作中的体现，是在工作中流露出的优秀品德与人格。"在工作中，我们每个人都要不以位卑而消沉，不以责小而松懈，不以薪少而放任，而应时时敬业、事事敬业，让敬业精神永存心中。

因为无论你将来在什么位置、做什么工作，只有具备了敬业精神，才能在工作中更好地实现自己的人生价值，才能获得丰厚的薪水、更高的职位和更完美的人生。

敬业的员工是上司最倚重的员工，也是最容易成功的员工。可以说，敬业是一把梯子——一把无形的梯子，可以让你在职场上获得长足发展，实现与公司的共同成长。

向前一步，滚动人生的雪球

> 人生的雪球是滚大了还是融化了，往往取决于一个人是否多看了一眼、多想了一下、多走了一步。

我们的行为能给公司带来什么价值？是不是把任务完成了就创造了价值？在开始每一件任务的行动之前，我们都别忘记思考一下，上级下达这个任务的最终目的是什么？这个目的又能为公司带来什么样的价值？然后，瞄准目的、抱着对价值负责的态度去执行。

讲到这里，我突然想起曾在网上看到过的一个关于俄罗斯人种树的讽刺性故事：

三个俄罗斯人奉命执行种树的任务，其中一个人负责挖坑，一个人负责放树苗，还有一个人负责填土。

有一天，只有两个人到场，但这并没有对他们的工作产生丝毫的影响。

只见他们一前一后照常工作，前面那个人拿着铁锹挖坑，后面那个人依然有条不紊地用铁锹往坑里填满土，就这样干了好长时间。

一个在路边休息的过路人很是奇怪，于是走过去问他们在干什么。后面那个人回答说：“我们在执行种树的任务啊。本来是三个人的，但负责放树苗的人生病请假了……”

之所以会出现如此可笑的情况，就是因为栽树的人走入了任务的陷阱。

所谓任务的陷阱，就是指表面化地、死板地执行上级的指令和既定的程序，而不明白任务背后应有的价值。

像俄罗斯人种树那样的极端情况可能在现实生活中并不会出现，但在实际工作中，也不乏这样一类人：他们工作很努力、很敬业，可是结果总不能令人特别满意。

爱若和布若差不多同时受雇于一家超市，开始时大家都一样，从最底层干起。可不久，爱若受到总经理的青睐，一再被提升，从领班直到部门经理。布若却像被人遗忘了一般，还在最底层混。终于有一天，布若忍无可忍，向总经理提出辞职，并痛斥总经理用人不公平。

总经理耐心地听着。他了解这个小伙子，工作肯吃苦，但似乎缺少了点什么。缺什么呢？他忽然有了主意。

“布若先生，”总经理说，“请您马上到集市上去，看看今天有什么可买的。”

布若很快回来，说，刚才集市上只有一个农民拉了一车土豆在卖。“一车大约有多少袋？多少斤？”总经理问。布若又跑去，回来说有十袋。“价格多少？”布若再次跑到集市上。

总经理望着跑得气喘吁吁的布若说："请休息一会儿吧。你可以看看爱若是怎么做的。"说完叫来爱若。

爱若很快从集市回来了，汇报说，到现在为止只有一个农民在卖土豆，有十袋，价格适中，质量很好，并且带回了几个让经理看。他又说，这个农民过一会儿还将弄几筐西红柿来卖，价格还算公道，可以进一些货。考虑到总经理可能会要，他不仅带回了几个西红柿作样品，还把那个农民也带来了，正在外面等回话呢。

总经理看了一眼红了脸的布若，说："请他进来。"

爱若由于比布若多想了几步，于是在工作上取得了成功。布若就是一个典型的堕入任务陷阱的人。上级命令他做什么，他会尽心尽力地去做。至于能否给公司带来价值，他就不知道了。但爱若不一样，他知道经理的最终目的是为超市购入物美价廉的新鲜蔬菜，这才是此次任务的真正价值。而"到集市上去"只是实现这个价值的一个环节而已。

人生的雪球是滚大了还是融化了，往往取决于一个人是否多看了一眼、多想了一下、多走了一步。

人与人的差距可能初始时只有那么一点点，但日积月累就会越拉越大。所以，我们要善于观察、学习和思考，发现差距及时总结，方能迎头赶上。如果仅仅一味苦干奋斗，埋头拉车而不抬头看路，那结果常常是原地踏步，明天仍旧重复昨天和今天的故事。一个人如果现在不活在未来，未来就会活在过去。

能否明白任务背后的价值、走出任务的陷阱就是布若和爱若的最大差别所在，这同时也是员工能否获得老板赏识的重要因素。

五个90%背后的玄机

> 90%×90%×90%×90%×90%=59%这个简单的等式，数学之外的含义就是执行过程不能打折！

从小到大应对过无数次考试的我们知道：60分是及格线，100分似乎比较困难，而90分是一个可以引以为豪的分数了。工作中也是如此，很多人认为：把工作做到60%太危险，会被公司炒鱿鱼；做到100%太辛苦，也不太现实；做到90%就很不错了。

这种说法似乎很有道理，甚至连我们自己都觉得把工作做到90%已经很优秀了，可以心安理得了，从来不去想这样做有什么不对。

我们可能没有想过，工作过程是由一个一个细微的环节串联而成的，每个环节都以上一个环节为基础。而各环节之间的互相影响并不是简单叠加。环环相扣的一系列过程结束后，“很不错”的90分最终带来的结果可能是59分——一个不及格的分数。你可别不信，我可以马上算给你看。

如果一件产品从生产到销售需要五个环节，而每个环节的操作者都以做到90%为目标的话，该产品质量可能就是90%×90%×90%×90%×90%=59%。

一个集约化的现代经营过程需要经过构思、策划、设计、讨论、修改、实施、反馈、再修改等诸多环节，如果你不能在每个环节中认真对待，及时反馈和修正，做到完美，而是想当然地认为“不会有太大问题”，这个环节做到了90%，下一个环节还是90%，在五个环节之后，你的工作成绩就不是平均值90%，而是59%了——一个会被激烈的竞争环境淘汰的分数。

在有些情况下，结果可能还会低于这个分数，甚至变成负数！到了这个时候，你再回过头来按照100%的标准进行“检修”，意味着整个项目、整个工程都可能需要“推倒重来”，意味着时间和资源的浪费，意味着效率低下和错失良机，意味着先前的努力付诸东流。

90%×90%×90%×90%×90%=59%这个简单的等式，数学之外的含义就是执行过程不能打折！

也许你觉得这个公式来得突兀，也许你觉得这种论调有点危言耸听，那么看看下面这个故事，你就知道我所言非虚了。

当巴西海顺远洋运输公司派出的救援船到达出事地点时，“环大西洋”号海轮已经消失了，21名船员不见了，海面上只有一个救生电台有节奏地发着求救的信号。救援人员看着平静的大海发呆，谁也想不明白在这个海况极好的地方到底发生了什么，从而导致这条最先进的船沉没。这时有人发现电台下面绑着一个密封的瓶子，打开瓶子，里面有一张纸条，上面用21种笔迹写着：

“一水理查德：‘3月21日，我在奥克兰港私自买了一个台灯，想在给妻

子写信时照明用。’

“二副瑟曼：‘我看见理查德拿着台灯回船，说这小台灯底座轻，船晃时别让它倒下来，但没有干涉。’

“三副帕蒂：‘3月21日下午船离港，我发现救生筏释放器有问题，就将救生筏绑在架子上。’

“二水戴维斯：‘离岗检查时，发现水手区的闭门器损坏，用铁丝将门绑牢。’

“二管轮安特尔：‘我检查消防设施时，发现水手区的消防栓锈蚀，心想还有几天就到码头了，到时候再换。’

“船长麦凯姆：‘起航时，工作繁忙，没有看甲板部和轮机部的安全检查报告。’

“机匠丹尼尔：‘3月23日上午，理查德和苏勒的房间消防探头连续报警。我和瓦尔特进去后，未发现火苗，判定探头误报，拆掉交给惠特曼，要求换新的。’

“机匠瓦尔特：‘我就是瓦尔特。’

“大管轮惠特曼：‘我说正忙着，等一会儿拿给他们。’

“服务生斯科尼：‘3月23日13点，到理查德房间，理查德不在，坐了一会儿，随手开了他的台灯。’

“大副克姆普：‘3月23日13点半，带苏勒和罗伯特进行安全巡视，没有进理查德和苏勒的房间，对他们说自己进去看看。’

“一水苏勒：‘我笑了笑，也没有进房间，跟在克姆普后面。’

“一水罗伯特：‘我也没有进房间，跟在苏勒后面。’

“机电长科恩：‘3月23日14点，我发现跳闸了，因为这是以前也出现过的状况，没多想，就将闸合上，没有查明原因。’

“三管轮马辛：‘感到空气不好，先打电话到厨房，证明没有问题后，又让机舱打开通风阀。’

“大厨史若：‘我接到马辛电话时，开玩笑说这里能有什么问题，还不来帮我们做饭。然后问乌苏拉我们这里安全吗。’

“二厨乌苏拉：‘我也感觉空气不好，但觉得我们这里很安全，就继续做饭。’

“机匠努波：‘我接到马辛电话后，打开通风阀。’

“管事戴思蒙：‘14点半，我召集所有不在岗位的人到厨房帮忙做饭，晚上会餐。’

“医生莫里斯：‘我没有巡诊。’

“电工荷尔因：‘晚上值班时，我跑进了餐厅。’”

最后是船长麦凯姆写的话：“19点半发现火灾时，理查德和苏勒的房间已经被烧穿，一切糟糕透了。我们没有办法控制火情，而且火越烧越大，最后整条船上都是火。我们每个人都犯了一点错误，但酿成了人亡船毁的大错。”

看完这张绝笔纸条，救援人员谁也没说话，海面上死一般地寂静，大家仿佛清晰地看到了整个事故的过程。

一个人成功与否，不在于他得到什么，而在于他是不是做什么事情都力求最好。成功者无论从事什么工作，都不会轻率疏忽。因此，在工作中，你应该以最高的标准要求自己。能做到最好，就必须做到最好；能完成百分之百，就绝不只做到百分之九十九。

只要你动用自己的全部智慧，把工作做得比别人更完美、更快速、更准确，你就能引起他人的关注，实现心中的梦想。

戒了吧，完满病

> 马云说：“阿里巴巴不是计划出来的，而是‘现在、立刻、马上’干出来的。”

人们不愿意采取行动，往往还与“完满病”有关。

何谓“完满病”？它是一种把一切未臻完美的事情都视为不可接受和不能容忍，会因为一点小小的欠缺全盘放弃的毛病。“完满病”其实是一种心灵病症，它具有缺乏执行力、贪图万全、过度控制等特点。

著名职场培训师吴甘霖老师曾经提过这样一个问题：一个穿着拖鞋的记者，可以采访省长吗？

毫无疑问，所有人都会不约而同地说：“肯定不可以了。作为一名出访的记者，着装端正是最基本的礼仪，何况采访对象又是省长。”

“你们说得没错，一般情况下，采访省长是肯定不能穿拖鞋的。”吴老师说，“但特殊情况下，也未尝不可。”

那到底什么情况可以称得上特殊情况呢？吴老师给我们讲了自己的一段经历：

我还在省报工作的时候，有一天突然接到采访省长的任务。当时省长正在出席一次重要会议，如果这次错过，以后就很难有机会了。

我拎起包就往外冲，谁知一脚踢到了门槛上，鞋底当场脱落了一半，根本没办法套到脚上。

记者是要讲求速度的，当时根本没有时间回去换鞋，身边的同事也没有人和我穿一样尺码的鞋，怎么办？

突然，我想到单位的鞋柜里还有一双拖鞋，就是它了！

到了会场，我采用迂回方式，尽量不引起别人的注意，从一旁的侧道上溜了进去。整个会议安然无事，我不断祈祷，希望我的采访也可以这样顺利。

会议结束，省长正要离开会场，我冲上去开始采访。就在我要问最后一个问题的时候，那双拖鞋被保安发现了。

于是，我被保安挟出了会场。无奈之下，我把我的记者证拿给他们看，请求他们允许我向省长提问完最后一个问题。

禁不住我软磨硬泡，保安半信半疑地把我放进会场。我以最快的速度完成了采访。在离开的时候，保安仍然在用怀疑的目光打量着我。

报道很快就刊登了。能够完成任务，这双拖鞋功不可没。

世间永远没有绝对完美的事。有时候，“万事俱备”只不过是“永远做不到”的代名词。如果你迟迟不肯开始工作，愚蠢地静候着“万事俱备”这一先行条件的到位，那么你不但会加倍辛苦，到最后还可能会万事不成。

通用电气公司总裁杰克·韦尔奇曾经说过：“速度就是一切，它是竞争不可或缺的因素。”美国思科公司总裁钱伯斯也说：“新经济时代，不是大鱼吃小鱼，而是快鱼吃慢鱼。”在已经出现的快节奏、高效率的残酷市场竞争中，很多事情并不会等你将所有条件都准备好了才开始。有时候太专注于一个“点”，往往会牺牲掉整个“面”。

完美是一个极富诱惑力的字眼，同时也是一个美丽的陷阱。很多人把时间浪费在局部的完美上，其实这并不是一个很好的选择。

某地没有大蒜，很多外地商人听说了，立即展开行动，托运大蒜去当地叫卖。物以稀为贵，当地人争着抢着掏钱买他们眼中的“稀罕玩意儿”。那些行动迅速的外地商人们都用大蒜换取了很多黄金回来。但其中有一位商人，他的想法与别人有所不同。

他认为，同行们正在做的是一件没有任何技术含量可言的低级活。“如果我把自己的大蒜进行一下深加工，把最外面那层又脏又丑的老皮去掉，不就可以提高单价，一次就赚他个盆满钵满吗？”

于是，当别人忙着拉运大蒜换取黄金的时候，他组织全家人出动，忙着给大蒜“美容”。一切准备妥当，他带着漂亮的大蒜去那里交易，本以为能大赚一笔，可结果呢？黄金没换着一两，只换了两袋土豆回来。

抢占商机，方能赢得市场。大蒜就是大蒜，好不好看都是大蒜，何必非要追求所谓的完美，浪费宝贵的时间，错失难得的良机呢？以周密的思考来掩饰自己的不行动，甚至比一时冲动还要荒谬。

因为某个环节的一点小瑕疵，难道我们就要撒手放弃某次绝好的工作机会吗？也许，当我们费尽心思，自认为把事情从头到尾都想周全了才开始走第一步，早已错失良机。

在上初中的时候，我第一次鼓起勇气给我喜欢的男孩子打电话，想约他一起出来玩。在拨通电话号码之前，我想象了各种情况：

他接电话的时候正在做作业；

他正在做作业，他妈妈或他爸爸接了电话；

他家正好来了亲戚，亲戚帮忙接了电话；

他也很无聊，正想找人说说话；

他正在被父母训斥；

他正在想另外一个女孩子；

他接了电话，但父母就在身边，说话不方便；

……

我想了整整一个下午，做好了各种情况下的心理准备，想好了应对策略。然后，我勇敢地拿起电话，按下了那几个按钮。

结果——他不在家。

干任何事情，起点最为重要。起点上的“完满病”是成功的最大敌人。正如有“热血铁胆”之称的美国将军巴顿所说：“现在执行一个很好的计划，远比下周执行一个完美的计划要强得多。”

阿里巴巴集团创始人马云也告诫我们说：“阿里巴巴不是计划出来的，而是‘现在、立刻、马上’干出来的。”聪明人雷厉风行，糊涂蛋拖拖拉拉。把“完满”那根绳索丢得远远的，说做就做，一直是很好的习惯。

把细节做到极致就是成功

工作中，你要把每一件小事都和远大的固定的目标结合起来。

20世纪中期世界上最著名的四位现代建筑大师之一密斯·凡·德·罗在被要求用一句话来概括成功原因时，只说了五个字："魔鬼在细节。"

密斯反复强调说，不管你的建筑设计方案如何恢宏大气，如果对细节的把握不到位，就不是一件好作品。细节的准确、生动可以成就伟大的作品，细节的疏忽也可打败宏伟的规划。

"魔鬼在细节"，这是一个被人说烂了的主题，可以说一点创意也没有。但是这么普通的常识，却是密斯·凡·德·罗成功的关键，实在发人深省。

加藤信三是日本狮王株式会社的一名普通员工。有一次，加藤为了赶去上班，刷牙时急急忙忙，没想到把牙龈刷出了血。到公司之后，加藤和几个要好的伙伴提及此事，并相约一同设法解决刷牙容易伤及牙龈的问题。

他们想了不少解决刷牙造成牙龈出血的办法，如把牙刷毛改为柔软的狸毛、刷牙前先用热水把牙刷泡软、多用些牙膏、放慢刷牙速度，等等，但效果均不太理想。后来，他们进一步仔细检查牙刷毛，在放大镜底下，发现牙刷毛顶端并不是尖的，而是四方形的。“把它改成圆形的，伤及牙龈的棱角不就没有了吗！”于是，他们开始着手改进牙刷毛的形状。

实验取得成效后，加藤正式向公司提出了改变牙刷毛形状的建议。公司领导亲自体验之后，觉得这是一个极好的建议，就欣然把全部牙刷毛的顶端改成了圆形。

改进后的狮王牌牙刷在广告媒介的作用下，销路极好，销量直线上升，最后占据了全国同类产品40%的销售市场。加藤也由普通职员晋升为科长。十几年后，加滕凭借着善于在细节中找机会这一最突出的个人优点，成功晋升为董事。

在一般人看来，牙刷不好用只是一件司空见惯的小事，所以很少有人会去想办法解决这个问题，机遇也就从身边溜走了。而加藤不仅发现了这个小问题，而且对小问题进行了细致的分析，从而使自己和自己所在的公司都取得了成功。

正如密斯所言，细节的准确、生动可以成就伟大的作品，细节的疏忽也可打败宏伟的规划。由于注重细节，加藤成就了狮王牌牙刷的竞争力。相反，由于忽视细节，汰渍洗衣粉的销售和品牌形象曾遭受过严重的创伤。

宝洁公司刚开始推出汰渍洗衣粉时，市场占有率和销售额以惊人的速度向上飙升。可是没过多久，这种强劲的增长势头就逐渐放缓了。保洁公司的销售人员非常纳闷，进行了大量的市场调查，但一直找不到销售停滞不前的原因。

为彻底找出症结所在，宝洁公司召集诸多消费者开了一次产品座谈会。会上，有一位消费者一语中的，道出了汰渍洗衣粉销量下滑的关键点。他抱怨说："汰渍洗衣粉的用量太大了。"

宝洁公司的领导们听得一头雾水，忙追问其中的缘由。这位消费者说："你看看你们的广告，倒洗衣粉要倒那么长时间，衣服是洗得干净，但要用那么多洗衣粉，太不划算了。"

听到这番话，销售经理赶快把广告找来，计算了一下展示产品部分中倒洗衣粉的时间，一共是3秒钟。而其他品牌的洗衣粉，广告中倒洗衣粉的时间仅为1.5秒。

就是广告宣传上这么细小的一点疏忽，差点断送了汰渍洗衣粉的销路。看来，细节还真的是魔鬼啊！可以说，细节是手段，是过程，是投入；而完美是结果，是结局，是目标的表现。

这是一个细节制胜的时代，细节的作用怎么强调都不为过。

林志是某公司一名很有发展潜力的业务员。一天，因公司与外商产生纠纷，总部责令他和业务经理在第一时间前去向客户道歉。由于事发突然，时间紧迫，他随手套了一件T恤就出发了。

结果，林志的休闲T恤和客户、业务经理的西装革履形成了强烈的反差。因为自己的不当着装，林志自始至终都处于很不自在的尴尬境地。而更糟糕的事还在后面，当他们向客户说尽好话之后，那位客户竟撇下一句令林志终生难忘的话："衣服也是一种态度，因为你的T恤，我无法接受你们的道歉。"

结果可想而知，林志当天就被老板炒了鱿鱼。

穿什么样的衣服，在平常人看来实在是一件微不足道的小事，然而，却使一个很有才干的人失去了很好的职业和发展机会。看来，一个人要想真正扮演好自己在工作中充当的那个角色，确实不可小觑任何一个细节。

成也细节，败也细节。现实生活中有很多人因为某些小小的不经意，错失了成功的机会。而那些重视细节，并能抓住细节的人，却获得了意想不到的成功。

小事成就大事，细节成就完美。其实，成功有时候很简单，往往就在一瞬间，而需要的只是你对细节的关注。

只听或不听，都不对

> 世上有两种人永远只在原地踏步：第一种人不肯听从命令行事，另一种人只肯听从命令行事。

一位朋友给彼德讲了一件曾让他哭笑不得的事：

上周，他到一个政府控制着酒类专卖的国家旅游。在回国之前，他向由当地政府经营的一家酒店的前台服务员询问："按规定我可以带多少酒出境？"

前台服务员回答说："这你必须去问海关关员！"

朋友回应道："可是我现在就想知道，我带多少酒才不会因为超量而遭到海关没收。"

前台服务员回答："那是海关的规定，和我们没有关系。"

朋友又说："但你一定知道海关的规则吧！"

前台服务员答道：“是的，我知道。但是本部门并不负责海关规则，所以，我无权告诉你。”

你曾经遭遇或听说过此类事件吧？“我们无可奉告”，有些公司职员明明知道问题的答案，可是基于某种理由，硬是不肯告诉你。

朋友的遭遇对于彼德来说并不陌生，因为他毕业被分配到某大学执教之初，在学校开设的一家书店里，就曾经历过朋友说的那种无可奈何的状况。

在学校教务处报道的第一天，出纳人员发给彼德一张识别卡，并告知彼德说：“凭此卡，你可以在学校指定的一些书店中兑现支票。”

有一天，彼德进入一家学校指定的书店，出示识别卡，并交付了一张20美元的旅行支票。

谁知书店出纳员却说：“本店只兑现工资支票和个人支票。”

彼德有些不解，说：“可是旅行支票比个人支票要好，甚至还优于工资支票。旅行支票和现金没有差别嘛。即使不用这张识别卡，我在任何商店也可以兑付旅行支票的。”

书店出纳员神情漠然，断然说道：“但是旅行支票终究不是工资支票或个人支票啊，而本店只兑付工资支票和个人支票。”

你大概也读过下面这个关于巡店的故事吧：

夏天的某天下午，我出去巡店，竟发现一个奇怪现象：当时大概是下午6：40到7：00之间，艳阳高照。到了三家店铺，我发现竟有两家店铺门口的招牌灯箱已经打开。我进店问店员：“天还这么亮，怎么就把灯开开了？”

店员回答："公司规定6：30开启灯箱。"

另一天下午，天下大雨，一片昏暗，我提前出去巡店，大概是5：45左右。这次我同样去了三家店铺，发现有两家店铺灯箱没有开启。我进店问店员："天这么暗，为什么不开灯箱？"店员回答："还没到公司规定的开启灯箱时间。"

或许你也曾听说过，医院在救助遭遇意外伤害的患者时，会要求病人将宝贵的时间花在填写大量表格上；或许你还曾听说过，护士对着熟睡的病人叫道："喂！醒醒！吃安眠药的时间到了！"

彼德把上述行为戏称为"职业性的机械行为"。很显然，对职业性机械行为者而言，每天的工作只是为了生存而不得不做的事情，于是工作就成了一种负担、一种苦役。秉持这样的工作态度，当然不会有工作热情，更不用说创造力了。

其实，工作不单单是每天准时上班、下班，它是一件需要智慧、热情、信仰、想象和创造力的事情。行动卓有成效的员工不会是那种循规蹈矩、缺乏远见的死板之人，他们有敏锐的眼光和高度责任心，会去任何地方找任何人，打破任何界限，把工作又好又快地完成。

美国钢铁大王安德鲁·卡耐基在自己还是一个小职员的时候，就明白了这个道理。

卡耐基在宾州匹兹堡铁道公民事务管理部做小职员时，一天早晨，在上班途中，他发现一列火车在城外发生车祸。他想打电话给上司，却联络不上。

他知道每多耽误一分钟，都将使铁道公司遭受非常巨大的损失。在没有办法的情况下，他以上司的名义发电报给列车长，快速处理，并且在电报上面签下了自己的名字。他也知道根据公司的规定，他这么做等于自动辞职。

过了几个小时，上司回到座位，发现了卡耐基的辞呈，以及对今天所做之事的详细叙述。一天过去了，一切正常。第二天，卡耐基的辞呈被退回来，上面用红笔写着：不同意。

几天之后，上司把卡耐基叫到办公室说："小伙子，世上有两种人永远只在原地踏步：第一种人不肯听从命令行事，另一种人只肯听从命令行事。"

成功机会总是属于那些能够主动去做事的人，属于那些能够为自己的所作所为主动承担责任的人。只有当你主动、真诚地提供真正有用的服务时，成功才会伴随而来。

因此，在工作中不要死板地守着公司的规则，不敢越雷池半步，关键时刻要敢于突破，不要让环境牵着你的鼻子走。那些上司发个指令才会动一动的"机器型"员工将很难适应未来瞬息万变的社会环境，在日益激烈的竞争中，他们会被挤进失业者的行列。

不要让别人等你

在做工作的时候，你要知道别人的进度，永远不要落后。

“不要让别人等你”，这是最近在网上点击量和转载量极高的热帖《可以让你少奋斗十年的工作经验》中仅有的十条工作经验中的一条。在帖子中，作者这样写道：

在做工作的时候，你要知道别人的进度，永远不要落后。这不像是在考试，你比别人做得慢，别人可以先交卷，你到时间了做不完自己承受扣分。在工作中，情况是这样的：这是一场没有人能独立完成的考试，所有的人都被分配做一张试卷的不同部分，有的人分到的是阅读理解，有的人做的是完形填空，有的人做的是语法……然后大家做完了相互抄，这样，所有人都做完了。

如果大家都把各自的部分做完了，而你却没有做完，那么做得快的人会开始做你的那部分题目，然后也是相互抄。慢慢地，大家会发现，你的工作量完全可以由别人来代替，整个团队可以不需要你。这个时候，没有人会从你这里得到试卷的答案，也没有人会给你他们的答案——很不幸，你已经没有利用价值了。

“在任何情况下，都不要让别人放下手头的工作来等你。”在大学中，这可能只是同学针对你的拖延陋习说的半开玩笑的抱怨话，但参加工作后，你绝对不可对此掉以轻心，因为工作的真相就是“强者生存”，而落后极有可能导致潜在合作伙伴的丢失。如果忽视这一点，那么你就会像倒在路边的死者一样凄惨——当其他人疾驰在公司的高速公路上时，你却已躺在路边魂飞魄散。

在路上，两匹马各拉着一辆装满货物的大车向前走着。前面的马低着头，一声不响，用力地拉车；而后面的马却时常偷懒，停下来东张西望，显得心不在焉。后面的马尽管已经知道自己落后了，但它觉得这没有什么：“谁爱表现谁就表现吧，反正我就这样了。”

于是，主人命令随行的下人把后面那辆马车上的货物全都移到前面那辆马车上去。等到东西都搬完了，后面那匹马轻快地前进，很快超过了前面那匹马。它转过头，得意扬扬地对自己的同伴说：“你辛苦吧，流汗吧。你越是努力干，主人越是折磨你，真是个自找苦吃的大笨蛋！”前面那匹马什么也没有说，依旧低着头，默默地拉着车前进。

到了供商人休息的驿站，主人对下人说：“既然只用一匹马拉车就行了，那就没必要养两匹马了。不如好好地喂养一匹，把另一匹宰掉，不仅能省下一些饲料，还能得到一张马皮。”于是，主人吩咐驿站小二把那匹懒马杀掉了。

老板当然不会把懒懒散散、滥竽充数的员工杀掉，但他肯定会解雇这类员工。原因很简单，正如前文所说的——很不幸，你已经没有利用价值了，而老板只会为你的利用价值买单。

拖延绝对是一种恶习。在工作中，员工的拖延习惯主要体现在以下几个方面：

上级不安排工作，员工就坐等；上级不指示，员工就不执行；上级不询问，员工就不汇报；上级不检查，员工就拖着办……多干事情多吃亏，多干事情多出问题，大多数懒惰之人都抱着这样的观点，而他们的工作也往往是在多次检查和催办下才完成的。

信息时代是一个讲究速度的时代，毫无疑问，那些动作迟缓、办事效率低下的“乌龟型”员工，定会被激烈的竞争大潮所淹没。

“好用”的人正当红

专长的多样，只是“好用”的条件之一，更重要的是态度。

把自己分内的工作做好、做精是员工的核心竞争力，那是不是说，我们只要把自己的本职工作做到位就万事大吉了呢？对自己工作职责范围之外的事是不是就可以采取“事不关己，高高挂起”的漠然态度呢？当然不是。

柳博是一个刚走出大学校门的毫无工作经验的应届毕业生。凭着深厚扎实的专业基础和出类拔萃的文笔，他一毕业就进入一家出版社担任责任编辑。专业能力强是柳博获得社长赏识的一个方面，更难能可贵的是他一丝不苟的工作态度。

当时，出版社正在进行一套丛书的出版，每个人都很忙。由于人手不够，编辑在做好自己分内工作的同时，被主任派到发行部、业务部帮忙是常有的事。其他编辑被派去一两次就怨声连天，只有柳博每次都心情愉快地接受所有指派。

包书、送书、售书，柳博几乎待遍了出版社的所有部门，与各个部门的工作人员都混了个脸熟。柳博踏实做事的风格、笑脸迎人的态度给每一位接触过他的人都留下了深刻的印象。除此之外，取稿、跑印刷厂、邮寄……只要他人开口，只要时间允许，柳博全都来者不拒。

一直在暗中观察员工表现的社长暗暗点头。后来，柳博的工作更忙了，但忙的却是一些更重要的事情。比如出版社规划的一些重点选题的讨论，社长总是点名让柳博参加；向知名作家约稿，也少不了柳博出面……

仅仅用了三年时间，昔日的同事依然在案头重复着一成不变的工作，柳博的职业生涯却一路顺风顺水，就算不能用“坐直升机”来形容，那也是坐上了高速电梯，从责任编辑到编辑主管，后来又跃升至出版社管理层高级管理人员。柳博实现了人生的三级跳，成为出版社独当一面的大将级人物。

每一个人在公司中都有其特定的职位、明确的职责，这是社会专业化的结果。但这绝不代表每一个人只能做一件事，只要做一件事。在时间紧迫、任务紧急的特殊情况下，愿意配合上司，毫无怨言、尽心尽力地完成额外工作的员工，通常是公司积极培养的对象。

抱怨分外的工作，不是有气度和有职业精神的表现。一个勇于负重、任劳任怨、被老板器重的员工，不仅会认真做好本职工作，也愿意接受额外的工作，能够主动为上司分忧解难。

日本知名财经杂志《President》曾提出一个有关人才的“好用”的观念。“好用”的人工作态度积极、学习能力强、可塑性强、愿意挑战新事物，也愿意以公司的需要为己任，主动为上司排忧解难，而不是故步自封，守着自己的“一亩三分地”自满自得。

事实也确实如此，通过观察你会发现，但凡是活跃在各个企业内的“香饽饽”人物都有一项特质——“好用”。尤其是在21世纪竞争激烈的新经济时代，职场人士是否具有“好用”的特质对其毕生事业起着决定性作用。

孙文是某汽车公司的销售经理。一天晚上，公司发生了一件十分紧急的事，他需要发通告信给公司所有的营业处。时间之短和营业处数量之多使得他需要抽调一些员工协助。当孙文安排一个做速录员的下属去帮忙套信封时，那个职员老大不愿意，一副为难的样子说：“这件事与我无关吧。分外的事我不做，再说我到公司来不是做套信封工作的。”

听到这话，孙文怒火骤生，但仍心平气和地对那个速录员说：“既然不是分内的事你就不做，那就请你另谋高就吧！”

就这样，那个员工失去了工作。理由很简单——她在公司是个不“好用”的人。不可否认，任何一个企业，即使像微软那样近于完美的企业，也会有很多漏洞。即便是最完整的人事规章、最详细的职务说明书，也不可能把每一个人应做的每一件事都讲得清清楚楚，肯定会临时跳出一些事来，老板当然也会临时给下属下达某个工作任务。上文提到的那个速录员在公司急需用人时表现出的置身事外的态度，绝对与“好用”的原则相违背，被公司淘汰也就在情理之中了。

作为公司的一名职员，面对公司的事务，我们不要以“这不是我的工作”为借口，漠然不理，而应该抱着公司的事就是自己的事的积极思想，从大局出发，为公司的前途着想。

其实我们无论做什么，都是在为将来做准备。如果我们用提高自己能力的积极心态来对待自己正在做的事情，就能把工作当成机会，把指派当成锻炼。

想在众多竞争者中脱颖而出，想在不景气的经济环境中存活下来，请让自己成为一个“好用”的人吧。

拖延症是病，得治

人生有限，拖延有害。终结拖延症，你就能成功超越93%的人。

“现在就动手做吧！”这句话是一个最惊人的自助启动器。任何时候，当你感到拖延的恶习正悄悄地向你靠近，或者已迅速缠上你，使你动弹不得时，你都需要用这句话提醒自己。

总有很多事情需要去做，如果你正受到怠惰的钳制，那么不妨从碰见的任何一件事着手。是什么事并不重要，重要的是，你突破了无所事事的恶习。从另一个角度来说，如果你想规避某项杂务，就应该从这项杂务着手，立即进行。否则，事情还是会不断地困扰你，使你觉得烦琐无趣而不愿意动手。

一旦养成了“现在就动手做”的工作习惯，你就掌握了个人进取的精义。

你的工作能力和工作态度决定着你的工作报酬和职务。那些工作效率高、做事多，并且乐此不疲的人，往往会担任公司最重要的职务。当下定决心永远以积极的心态做事时，你就已经朝自己的远大前程迈出了重要的一步。

如果将成功者的成功仅仅归功于深思熟虑的能力和高瞻远瞩的思想，那就失之片面了。他们真正的才能在于审时度势后付诸行动的速度，这才是他们最了不起的地方，这才是他们出类拔萃、居于最好职位的原因所在。一旦决定就马上付诸实施是他们共同的特点，“现在就干，马上行动”是他们的口头禅。

我们正处于一个讲究效率的时代。在瞬息万变的现代社会中，存在着很多不确定因素，稍有迟疑，就可能使原来非常杰出的构思，在片刻之间变得一文不值。因此，今天所想的好主意今天就得实行。

与立即行动相反的是拖延。大多数人或多或少都存在着拖延的习惯，想得好好的事，就是迟迟不能付诸实行。“等明天”“等合适的时候”“等条件具备”“等找到工作”“等结婚”“等小孩子长大”“等退休”……这样等下去，最后可想而知，结果是“等到下辈子吧”。

拖延是行动的死敌，也是成功的死敌。拖延会使我们所有的美好理想变成真正的幻想，拖延会令我们丢失“今天”而永远生活在“明天”的空想等待之中，拖延的恶性循环会使我们养成懒惰的习性、犹豫矛盾的心态……并最终使我们成为永远只知抱怨叹息的落伍者、失败者、潦倒者。

成功学大师拿破仑·希尔说：“生活如同一盘棋，你的对手是时间。假如行动前犹豫不决，你将因时间过长而痛失这盘棋。你的对手是不容许你犹豫不决的！”拖延是这样可恶，却又如此普遍，其成因究竟是什么呢?

成功素质不足、自信不足、心态消极、目标不明确、计划不具体、策略方法不够多、知识不足、过于追求十全十美等，这些都是导致我们做事拖延的原因。知道了拖延毛病的真正原因，那么你也就找到了解决的具体方法。

人生有限，拖延有害。终结拖延症，你就能成功超越93%的人。以下简单几招，教你如何克服拖延。

1.分类找原因技巧

是什么原因使你无法做某项工作——寡断？害羞？无聊？无知？散漫？恐惧？疲倦？无法忍受不愉快？缺乏必备的工具？一字一句具体指出拖延某事的原因，区分类别。如能正确地认清问题，则解决方法就会变得相当明确。若原因是信息不足，则可以开始寻找必需的资料。

2.大腊肠切片技巧

如果工作相当艰巨，则暂缓，拿出纸来，记下完成工作的所需步骤。步骤的幅度越小越好，即使它们只需花费一两分钟，也必须分别记下。

这个艰巨的工作就像一条未被切割的大腊肠，庞大、皮厚、油腻、难以入口，但若切为薄片，则相当引人垂涎。将艰巨的工作分解开来，你所面对的工作就变得像可以马上享用的腊肠片，而非整条腊肠。

3.引导式工作

如果你想拖延写信，先不要试着去强迫自己（因为已经试过，且没有效果），可以先进行一个小步骤。做完此步骤后，再决定是否要继续写信。

这一个小步骤可以是看看信的地址、将纸转入打字机、取下纸来或写下想提出的要点。任何事皆可，只要是明显的身体行为。这是打破内心困顿的方式，其理论基于：静止时会持续静止，运动时会持续运动。

4.五分钟计划

有些工作难以分割成小块，如清理积压如山的公文，大约需要一小时，实在很难将它简单分割成若干“即时工作”。这时，可试试“五分钟计划”：和自己做个约定，花费五分钟做这项工作，时间一到，可自由去做想做的事，或是继续下一轮“五分钟计划”。

不管工作多么令人厌烦，仍须常常去做“五分钟计划”。五分钟后，若不想继续干，则不要干，约定就是约定。在将工作撇开之前，记下另一个“五分钟计划”的时间。五分钟的时限，无论多讨厌的工作也变得不那么讨厌了，你的心中还会常常升腾起一种可炫耀小成就的骄傲感。

此外，你还可以用记日记、利用录音机和自己对话、让信得过的亲朋好友定时督促检查工作等方法来克服自己的拖延毛病。

忙碌的人不肯拖延，他们觉得生活正如莱特所形容的那样：“骑着一辆脚踏车，不是保持平衡向前进，就是翻覆在地。”效率高的人往往有限时完成工作的观念，他们给出做某件事所需的时间，并强迫自己在预期时间内完成。即使你的工作没有严格的时间限制，你也应该经常用这种方法训练自己。当发现自己能在短时间内做更多的事情时，你一定会惊讶不已！

最可怕的是，自己没本事还瞧不起工作

> 亲爱的，既然在工作，既然是自己的选择，为什么不能好好地、充满感恩地开始每一天呢？

罗马一位演说家曾说：“所有手工劳动都是卑贱的职业。”罗马的衰落已经对此做出了最有力的反驳。如果一个民族只追求高薪与政府职位，其未来将是非常危险的。这说明这个民族的独立精神已经枯竭。

无论你贵为君主还是身为平民，无论你是男还是女，都不要看不起自己的工作。如果你认为自己的劳动是卑贱的，那么你永远也不会从自己的劳动中得到经验和技能，永远也不可能获得事业成功。

今天，同样还有许多人认为自己所从事的工作是低人一等的。他们身在其中，却无法认识到其价值，只是迫于生活的压力而劳动。他们轻视自己所从事的工作，自然无法全身心地投入工作。他们在工作中敷衍塞责、得过且过，将大部分心思用在如何摆脱现在的工作环境上。这样的人在任何地方都

不会有所成就。

所有正当合法的工作都是值得尊敬的。只要你诚实地劳动和创造，没有人能够贬低你的价值，关键在于你如何看待自己的工作。那些只知道要求高薪，却不知道自己所应承担的责任的人，无论对自己还是对老板，都是没有价值的。

某些工作也许看起来并不高雅，工作环境也很差，无法得到社会的认可，但是，请不要无视这样一个事实：有用才是伟大的真正尺度。在许多年轻人看来，公务员、银行职员或者大公司管理人员才称得上是绅士，他们甚至愿意等待漫长的时间去谋求一个公务员的职位。但是，花同样的时间，他完全可以通过自身的努力，在现实工作中找到自己的位置，发现自己的价值。

工作本身没有贵贱之分，但是对待工作的态度却有高低之别。看一个人能否做好事情，只要看他对待工作的态度就可以了。而一个人的工作态度，又与他本人的性情、才能有着密切的关系。

如果一个人轻视自己的工作，将它当成低贱的事情，那么他决不会尊敬自己。因为看不起自己的工作，所以倍感烦闷，工作自然也不会做好。

有多少人瞧不起自己的工作？有多少人一边工作一边抱怨说老子不干了，可还是每天勉为其难地工作着？

当今社会，许多人不尊重自己的工作，不把工作视为创造一番事业的必由之路和发展人格的工具，而视其为衣食住行的供给者，认为工作是生活的代价，是无可奈何、不可避免的劳碌。这是多么错误的观念啊！

那些看不起自己工作的人，往往是一些被动适应生活的人。他们不愿意奋力崛起，努力改善自己的生存环境。对于他们来说，体面、稳定的工作才是真正的追求。他们不喜欢商业和服务业，不喜欢体力劳动，认为应该活得更加轻松，时间更自由。他们总是固执地认为自己在某些方面更有优势，会有更广阔的前途，但事实并非如此。

那些看不起自己工作的人，实际上是不折不扣的懦夫。与轻松体面的工作相比，商业和服务业需要付出更加艰辛的劳动，需要更实际的能力。当人们害怕接受挑战时，总会找出许多借口，久而久之就变得看不起自己的工作了。

亲爱的，既然在工作，既然是自己的选择，为什么不能好好地、充满感恩地开始每一天呢？要知道，最高的情商，其实是满怀感恩地去工作哪。

最高的情商，是满怀感恩地去工作

感恩将为你开启一扇神奇的力量之门，发掘出你无穷的潜力，迎接你的也将是更多、更好的工作机会和成功机会。

有位父亲告诫儿子道：“遇到一位好领导，要忠心为他工作；假如第一份工作就有很好的薪水，那算你运气好，要努力工作以感恩惜福；万一薪水不理想，就要懂得在工作中磨炼自己的技艺。”

这位父亲无疑是睿智的。所有年轻人都应将这些话记在心里，始终秉行这个原则做事。

或许每一份工作都无法尽善尽美，但还是要感谢工作环境，感谢老板，感谢每一次工作机会，满怀感恩之心去工作。

虽说通过个人的勤奋和吃苦耐劳能出色地完成工作，但同时应该承认，在一个人的人生历程中，接受来自别人的帮助也是很重要的。受助和施助看起来是矛盾的，实际上是统一的，一个优秀而谦虚的人往往乐于接受别人的帮助。

许多成功的人都说自己是靠努力而成功的。然而，无论自己的行为是多么明智和完美，都不能不对别人心存感激。只有对别人心存感激才是明智的，没有感激之情是不能形成完美人格的。静下心来，想想你的每次行动，哪一次没有别人的帮助？如果你是员工，你的工作是老板提供的；你用的工作设备、文件纸张等都是别人提供的……你会发现自己身边有许多意料之外的支持，难道不应该时刻感谢别人的恩惠吗？

感恩好比一项投资，不需要花一美元，只要你虔诚地给予，就会给你带来意想不到的收获。你的人格魅力会罩上谦逊的光彩，你无穷的智慧将被源源不断地挖掘出来。此外，它还可以开启你神奇的力量。

现在，越来越多年轻的职员常常满腹牢骚，抱怨这个不对，那个不好。他们眼里只有自我，视恩义如杂草。他们贫乏的内心不知道什么是回报。他们认为工作上的不如意似乎是教育制度的弊端造成的，把上司的种种言行视为压榨。正是那种纯粹的商业交换的思想造成了许多公司老板和员工之间的矛盾和紧张关系。

但是，没有老板也就不会有你的工作机会，从这个意义上来说，老板是有恩于你的。那么，为什么不感谢他给你机会呢？为什么不感激同事的理解和支持呢？

如果是这样，你的老板也会受到感染，会以具体的方式来表达他对你的感激，也许是更多的工资、更多的信任和更多的服务。你的同事也会更加乐于和你友好相处。

把感恩的话说出来。而且，经常表达感激之情有一个最大的好处，就是可以增强公司的凝聚力。那些训练有素的推销员在遭到拒绝后，仍然会感谢顾客耐心地聆听自己的解说，这样他们就有了下一次机会！

即使老板批评了你，你也应该感谢他给予的种种教诲。记住，永远都需要感谢！

永远不要觉得感恩是溜须拍马和阿谀奉承。与迎合他人表现出的虚情假意不同的是，感恩是真诚的，是自然的情感流露，没有什么功利性，是不求回报的。你完全没有必要惧怕他人的流言蜚语，更无须刻意地疏远老板。坦荡的感激是清白最好的证明。你的老板足够聪明，会注意到你的感激是发自肺腑的。你的感激对他来说是一种认同和支持，同时也是一种鼓励。

在我做了老板后，当员工流露出感恩的态度时，我总是心中暗喜。我在别人手下做事，和任何老板相处，总是主动和他们靠得近一点。我发现他们很高兴我这样做，也从心底感谢我！

因此，感恩并不仅仅有利于公司和老板。对于个人来说，只知道受恩的人生是贫乏的。即使你的努力和感恩并没有得到相应的回报，也不必抱怨自己什么都没有得到。同样心怀感激之情吧！你从事过的工作已经给了你许多宝贵的经验与教训。以这样的态度从事工作，你就不是在承受压力，而是在享受由动力带来的愉快、自然的心情。

不仅要做到不以怨报德，还要知恩图报。心怀感恩投入工作中，你不但会因为自己是公司的一员而感到欣喜，还会因此更加忠诚、勤奋地工作。

懂得感恩应该成为一种普遍的社会道德。得到了晋升，你要感谢老板的独具慧眼，感谢他的赏识；失败的时候，你不妨对上帝给了你一次锻炼的机会心存感激。

忘恩负义的人对别人的帮助往往是感觉不到的。你若要在工作中得到更多，就应该时刻记住：你拿的薪水就像你喝的水，即使挖井人不图你的回报，你也应该有感恩的态度，至少要在适当的时候表示你的感激。最终你会发现，这种知恩图报美德的回报大大超出了你的想象。

不要表现得消极，仅仅因为“这不是我的兴趣”

尽量少用“有趣”“好奇”之类的词语来描述自己想要的工作，要用“充实”“有成就感”之类。

有人说：“人生最大的价值，就是从事自己感兴趣的工作。”人们往往习惯从兴趣出发，选择自己的工作和职业，认为这样更容易做出成绩。不可否认，当我们在做自己喜欢的事情时，总是会花200%的精力去创造；而当我们做着自己认为枯燥无味的事务时，便会想方设法应付过去。

不幸的是，通常我们找到的工作能有70%适合个人兴趣就很不错了。因为我们做的大部分事情，都不是针对我们一个人，而是满足社会需求的。真正100%满足我们要求的工作几乎是没有的。

我们如果为此而表现得闷闷不乐，就会陷入长期的郁闷压抑之中无法自拔。而一个身在新中国、心在旧社会的人是无法快乐，也无法成功的。想想以下职位，你会发现，很多工作比你现在所从事的工作要单调得多：

◎高速公路收费口的收费员：每天都是面对一个小窗口，把一张张卡片递出去。

◎学校食堂的厨师：永远在烧大排和鸡腿。

◎作家：交稿期要到了，他还在孕育灵感，一连两个星期没吃早饭了。

◎外科医生：刚刚睡着就被叫醒去做一个三小时的手术。这样的情况每周至少会出现一次。

◎商店销售员：产品不好卖，从八点上班就一个人坐在店门口，坐到晚上六点。今天没有一个人来，和昨天一样。

◎公交车司机：这条线路他开了三年了。

老实说，真正对某件事有兴趣，并倾其一辈子的精力去追逐的人少之又少。这种人都是人中龙凤。而大多数人都如同你我一样，在特定的环境、特定的时间下从事着一份特定的工作。

接下来，我们又迫于一些特定的因素，比如经济（家无余粮）、时机（自己当时感兴趣的行业正处在低谷期）、行业前景（自己正在从事的工作较之自己感兴趣的那个行业而言，更有发展前途）等，不得不去熟悉这份工作。慢慢地，习惯成自然，你会发觉自己潜移默化地喜欢上了这份工作，对它还是充满热忱的。最后，你可能会因为这份工作，成就了自己一生的事业。

所以，千万不要只想着从事一份有趣的工作，因为那样的工作并不存在，它只是你心中假想的一个理想的模型而已。况且人的兴趣也不是一成不变的，很多兴趣会随着时间的流逝而逐渐淡化，而许多新的兴趣又会随着时代的变迁而萌生。可以说，兴趣是一个不牢靠的东西，如果我们以此作为自己找寻工作的标杆，就会重蹈“小猴子下山”的覆辙，到头来只会一无所有、一无所获。

克服“这不是我的兴趣”的直觉判断的有效途径就是，学会喜欢自己的工作，并把注意力放在日常工作中能学到东西的方面上去。尽量少用“有趣”“好奇”之类的词语来描述自己想要的工作，要用“充实”“有成就感”之类。

留心观察，你还会发现，“这不是我的兴趣”竟然还是一些弱者认输逃避的正当借口。台湾城邦出版集团CEO何飞鹏先生在其著作《自慢：从员工到总经理的成长笔记》中就曾提到这么一个事例：

因为买房子的缘故，我认识了一个相当认真负责的房产中介业务员。最近他认真地向我请教转行的事。

我问他：“你不是做得不错吗？为什么想转行？”他回答说：“现在我对买卖房子已经没有兴趣、没有热忱！”

我再问：“那你对什么事有兴趣？”他说还在想，不知道。

我继续问：“你最近的业绩好吗？”“不好！”和我的猜测完全一致。

“你过去的业绩好吗？”“曾经很好。”

“那你过去对卖房子有兴趣、有热忱吗？”“那是刚开始的时候，政府不打压房地产，相较现在，生意好做多了。”他的回答也合乎我的预测。

……

根据我的经验，90%以上的情况是，他根本不是没兴趣，或者说，他根本不知道自己对什么有兴趣，做房地产，也还OK！只不过随着市场起伏，随着业绩波动浮沉，他没信心了。现在想离开，只不过是用“没有兴趣”来回避、认输、逃避。

在面临挫折、陷落时，大多数人都不会用“认输逃避”作为理由，因为这理由太差劲了，表示自己吃不了苦、禁不起考验。于是乎，“兴趣不合”便成了他们最常用的逃避的代名词。

职场上的成功人士，无一例外是那些拥有积极心态的人，就像美国电影《阿甘正传》里面的阿甘，无论陷入什么境地总能坦然面对，并以积极的心态从中寻找乐趣和机会。所以，请管理好低潮时的自己，不要拿“这不是我的兴趣”作为自己认输逃避的借口。

对于自己现在正在从事的工作，不管你是出于自身特质，真的“兴趣不合”，还是为了给自己的认输逃避找一个台阶下，假的“兴趣不合”，你都没有理由表现得消极。因为有没有做好工作已经不单单是你一个人的事了，它将影响到其他成员，乃至整个团体的利益。当工作上升到集体的高度时，出于对他人的责任感，你也没有权利消极怠工。

>>> Chapter 3

快速突破的关键点
——How？如何让工作更高效？

不会学习的人不会成功，不会总结的人难以战胜失败。

——李嘉诚，世界华人首富

没有时间，忙！为什么？

只要找到问题的实质，一切都可以变得轻松。

最近看《商界》杂志，读到这样一篇小文章，很有意思。

传教士赫伯·杰克逊被派到一个小镇任职，当地人给他配了一辆旧车。这辆车子有点毛病——停车后很难再次启动起来。杰克逊绞尽脑汁，终于想出一个妙招。头一次启动这辆车时，他到家附近的一所学校求助。经过校长的同意，他领了一大帮学生帮他推车以启动车子。车子开动后，每当停车时他就尽量把它停在斜坡上，以便重新发动，或干脆不熄火。整整两年时间，杰克逊始终用这套土办法来启动车子。

后来由于健康原因，杰克逊要离开此地，他把那辆旧车转交给了新来的传教士。杰克逊自豪地向后者传授启动车子的独家办法。新来的传教士边听他说边打开车盖，仔细察看起来。他用力拧了拧一根发动机连线，随后坐到驾驶座上。让杰克逊感到惊讶的是，随着发动机的一声轰鸣，汽车竟然在平地缓缓开动起来。

新来的传教士解释说：“只是一根连线松了，稍微紧紧就好了。其实不必这样大动干戈，主要是你没找到问题所在。”

在工作和生活中，这种现象非常普遍。在公司，我们经常会听到员工发出这样的抱怨声：工作太忙了，人手不够了，效率太低了，成本太高了……为什么会出现这么多问题呢？

原来我们当中的很多人都像赫伯·杰克逊一样，在出现问题之后，不是找根源，而是“贴膏药”，只是一味解决表面上的问题，头疼医头，脚疼医脚，导致问题不断重复出现。所以，尽管自己忙得焦头烂额，却没有多少实质性的收获。

每一个急待解决的问题，必定关系到方方面面的因素。所以，面对出现的问题，我们必须明白，启动车子固然重要，但唯有察明导致车子熄火的原因，才能一举彻底解决，永绝后患。

在美国鞋业大王罗宾·维勒的工厂里，有一次，由于他们设计的鞋子符合了当时的潮流，生意特别红火，订单纷至沓来，工厂生产顿时忙不过来。

这是一个非常严重的问题，如果不能解决，效率不能提高，他们不但会失去这个赚钱的好机会，还要因为违约而赔一大笔钱给客户。

当时，罗宾·维勒想了很多办法，包括招聘一批生产鞋子的技工、提高奖金等等，但还是解决不了问题。无奈之下，罗宾只好召集大家开会研究对策。

这时，一位年轻的工人发言了：“我认为，我们的根本问题不是找更多的技工，也不是提高奖金。因为找更多的工人，把奖金再提高，也不能彻底解决我们的问题。要是以后遇到更大的订单，我们怎么办？如果以后生意不好了，我们还养着这么多技工，那不是浪费钱吗？所以，我们必须从根本上解决问题。而我们现在的根本问题就是：必须提高生产效率，增加产量。”

“那你认为我们该怎么做呢？”

他接着说：“要提高产量，最常用的方法就是用机器代替人工。我们是否也能用机器来做鞋子？”

他的话立即引起哄堂大笑，因为在当时从来没有谁能用机器做鞋子。

但是罗宾·维勒没有笑。他制止住大家的笑声问：“那你知道该用什么机器做鞋子吗？你能制作这样的机器吗？”

那个年轻的工人摇了摇头。

虽然这个工人不能制作这样的机器，但是，他的思路很重要，因为他把真正的问题——提高效率提出来了。

后来，工厂根据这位工人提出的新思路，立即组织专家研究生产鞋子的机器。四个月后，机器生产出来了，世界从此进入了用机器生产鞋子的时代，罗宾·维勒的工厂一举成为当时最大的制鞋厂之一。

这个故事同样告诉我们，解决任何问题，都要找到最根本的原因。盲目地去解决问题，不但不能达成目标，反而可能使自己离目标越来越远。

如果当时不是这个工人把实质性的问题——提高效率提出来，那罗宾·维勒一定会围绕着问题的外围——招聘技工、提高奖金等打转。这些措施虽然能解一时的燃眉之急，却不是长久之计。随着工厂的进一步发展，订单会越来越多，生产效率跟不上，请再多的技工也只是隔靴搔痒。

为什么我们会经常不知道问题的根源到底是什么呢？西班牙哲学家巴尔塔沙·葛拉西安曾说：“做任何事情都不要太匆忙，忙乱中容易出差错；也不要太轻率大意，不要急于表态或发表意见。”由这句话可知，导致我们经常看不到问题实质的一个重要的原因就是：我们急于解决问题，没有时间和心思去思考为什么会出现这个问题。

不要匆忙急促，有些事情（比如分析问题的实质、事先想好解决方案）不可不问清楚、不弄明白。只是一味心急地着手处理，只会忙乱而毫无效果，这是最大的浪费。中国古代就流传着一句话“磨刀不误砍柴工”，说的就是这个道理。

今后再遇到问题时，我们一定要问问自己：找到问题所在了吗?

补位意识：揣在兜里的剪子

我们不但要把自己的工作做到位，还要善于补位。

一个人的核心竞争力，就在于把手中的活做精了，随时能够应对工作范围内可能发生的意料之外的事。这样的人一般是不会“下课”的，因为别人的需要就是自己最好的生存条件。

在一次项目完工的剪彩仪式上，项目经理代表其所在的分公司邀请了总公司五位领导前来剪彩。五位领导被请上台后，项目经理突然发现台下还有一位相当级别的老领导也来了，于是硬把这位老领导拉上了台，让他一起剪彩。

下面的员工看在眼里，急在心里，眼看就要出洋相了。说时迟，那时快，只见分公司办公室主任迅速地从大衣口袋里拿出一把剪子递了上去。六位领导一字排开，喜气洋洋地剪完了彩。皆大欢喜。

一位老员工在惊讶之余，对眼前这位年轻的办公室主任所表现出的有条不斋和周到细致敬佩得五体投地，随即问道："你怎么知道经理还会叫一个人上去剪彩呢？"

"你还别说，如果经理再叫一个，我这边口袋还装着一把剪刀呢。"办公室主任轻松地回答道。

计划赶不上变化，所有未发生的事情都具有很强的不确定性，随时都可能出现新的状况。这就要求置身于职场中的我们不但要把自己的工作做到位，还要善于补位。对待自己分内的工作，尽量想得周全一点，提前做好突发状况的应急准备。

赵殊是某知名外企的总经理助理，在这个岗位上，她已经干了整整三年，拥有了一份令人羡慕的可观收入。对于这份光鲜亮丽的工作和数额不菲的工资，赵殊绝对受之无愧。如果你不服，请看下面这个故事。

有一次，总经理作为发言嘉宾出席一个很重要的商务会议。在头天下午下班的时候，赵殊就把写好的发言稿交了上去。可再谨慎的人也会犯错，高高在上的总经理也不例外。临上台前，这位一向做事严谨的老先生竟然找不着发言稿了！衣服口袋、公文包里里外外都翻了个底朝天，依然不见稿子的踪影。

"估计是早上换衣服时忘记带了。"总经理突然想起，自己早上吃早餐的时候不小心洒在衣服上一滴牛奶，临时换了衣服。

就在不远处的赵殊看到上司慌乱的动作，赶忙上前询问原因。"发言稿被我落家里了。"总经理耸耸肩，一脸无奈地说道。赵殊什么也没说，像变戏法似的从自己随身带的文件夹里取出一份发言稿的备份递了过去。总经理喜笑颜开，冲赵殊竖起了大拇指。

任何时候，我们都需要扪心自问：自己是否有补位意识？是否善于补位？如果你的回答不是特别肯定的话，那么，你就必须改变自己的工作态度，改进自己的工作方法，让自己成为一个任何时候别人都离不开的人。

永远先做最重要的事

按照事务的重要程度来决定行事的优先次序。

一个人在工作中常常会被各种琐事、杂事所纠缠，不少人由于没有掌握高效的工作方法，而被这些事弄得精疲力尽、心烦意乱。他们总是不能静下心来做最该做的事，或者是被那些看似急迫的事所蒙蔽，根本就不知道哪些是最应该做的事，结果白白浪费了大好时光。

在哈佛大学商学院的一堂管理课上，教授跟他的学生做了这样一个实验：

教授拿出一个一加仑的广口玻璃瓶放在讲桌上。随后，他取出一堆拳头大小的石块，把它们一块一块地放进瓶子里，直到石块高出瓶口再也放不下为止。

教授问："瓶子满了吗？"

所有学生答道："满了。"

他反问："真的满了吗？"说着他从桌下取出一桶砾石，倒了一些进去，并敲击玻璃壁使砾石填满石块间的间隙。

接着，教授又问道："现在瓶子满了吗？"

学生们若有所悟。"可能还没有。"一位学生低声应道。

"很好！"教授伸手从桌下又拿出一桶沙子，慢慢倒进玻璃瓶。沙子填满了石块的所有间隙。

教授又一次问了学生同样的问题："瓶子满了吗？"

"没满！"学生们十分肯定地大声喊道。

教授笑笑，顺手从桌下拿过一壶水倒进了玻璃瓶，直到水面与瓶口齐平。

实验结束了，教授望着学生，问道："这个实验说明了什么？"

一个学生举手发言："它告诉我们，无论你的时间表多么紧凑，只要再加把劲，你还可以干更多的事！"

"不，那不是它真正的寓意所在。"教授说，"这个实验告诉我们，如果不先把大石块放进瓶子里，那么你就再也无法把其他东西放进去了。"

每个人都知道珍惜工作，但我们更应该懂得如何珍惜工作，也就是会工作。有人说："好好干，一刻不停地干就好了。"错！每天早出晚归看似勤奋的人不一定是工作认真的人，每天忙得不可开交的人也不一定是工作卓有成效的人。

你真的会工作吗？终日忙忙碌碌地加班加点，并不叫会工作。所谓的会工作，是要靠自己的聪明才智，要讲究工作效率的，不仅要正确地做事，更要做正确的事。

我们在工作中会遇到各种各样的事情，有的非常重要，我们必须先做不可，而有的却可以推后做或者是不做。如果我们分不清事情的轻重缓急，把精力分散在微不足道的事情上，那么重要的工作就很难完成。

在一系列待办事项之中，到底哪些事项应先着手处理？哪些事项应延后处理，甚至不予处理呢？

对于这个问题，麦肯锡公司给出的答案是：应按事情的重要程度编排行事的优先次序。所谓重要程度，即指该事情对实现目标的贡献大小。对实现目标越有贡献的事越重要，应获得优先处理；对实现目标越无意义的事越不重要，应延后处理。简单地说，就是根据“我现在做的能否使我更接近目标”这一原则来判断事情的轻重缓急。

在麦肯锡，每个人都养成了依据事务的重要程度来行事的思维习惯和工作方法。在开始每一项工作之前，“麦肯锡人”总是习惯先弄清楚哪些是重要的事，哪些是次要的事，哪些是无足轻重的事，而不管它们紧急与否。每一项工作都如此，每一天的工作都如此，甚至一年或更长时间的工作也是如此。

而在现实工作中，我们总是习惯按照事情的缓急程度来决定行事的优先次序，而不是首先衡量事情的重要程度。按照这种思维，我们经常把每日待处理的事区分为如下三个层次：今天必须做的事（即最为紧迫的事），今天应该做的事（即有点紧迫的事），今天可以做的事（即最不紧迫的事）。

但遗憾的是，在多数情况下，越是重要的事偏偏越不紧迫。比如向上级提出改进营运方式的建议、长远目标的规划，甚至是个人的身体检查等，往往因其不紧迫而被那些“必须”做的事（诸如不停的电话、需要马上完成的报表等）无限期地延迟了。这是导致我们工作效能低下的最主要原因。

“做要事，而不是做急事。”这是麦肯锡卓越工作方法的精髓之一，也是我们迫切需要具备的重要工作理念之一。

工作加减法

> 千万别让自己的工作变成孙悟空的头，砍掉一个长出两个，越砍越多，越长越多。

这是一个忙碌的社会，每个人都像走马灯一般，和工作奋战，和时间奋战，以至于连停下来思考一下的空间都没有。“我很忙”这是我们平时最常说到或听到的一句话。是的，因为工作做不完，因为想做的事太多，所以我们就心急火燎地、匆匆忙忙地做每一件事。

但问题是，我们的“心急火燎”、我们的“匆匆忙忙”是有用功吗？能带来我们想要的更快、更好的成果吗？答案是否定的，因为这样会使我们陷入工作越做越多的加法逻辑。

事例一

有位市场营销部经理曾经犯过这样一个错误。由于时间比较紧，他在审核广告公司回传的最终样稿时不仔细，对于广告中提供的服务部电话号码错误没有及时更正。广告播出了，错误也随之浮出了水面。

错误虽小，但影响极大，如果不采取补救措施，将会完全阻隔顾客跟公司的交流沟通，甚至还会给顾客留下不负责、不真诚等极其恶劣的负面印象。

发现问题之后，这位经理忙作一团，一边打电话给广告公司，让其暂停广告的播放，一边安排手下人员前往广告公司监督错误的改正，同时还要写报告向上级领导检讨自己的失职……他忙了大半天才把这件事搞定，又不得不加班来弥补被耽误的工作。

事例二

一位经理交代秘书寄出两封问候函，分别给公司正在洽谈中的两位合作伙伴。因为这两家公司是相同性质的，所以经理决定通过寄问候函来加深对对方的了解，以做出最后的取舍。

很不幸，秘书太忙了，每天堆积如山的工作使得她无法小心谨慎地做好每一件事，结果，她把两封信装反了。这件事的后果可想而知，当两家公司负责人知道那位经理脚踏两条船后，在进行合作评估时，不约而同地选择了放弃此次合作。

为了做出对错误的弥补，那位可怜的秘书接连一星期不间断地给两家公司负责人打电话解释、说明。但任凭秘书如何费尽心机、死缠烂打，对方始终没有表示明确的合作意向。

在正常情况下，工作应该是处于越做越少的减法逻辑中，做完一件，少一件（排除在工作进行过程中产生的新任务）。比如，你有三件工作，那么做完一件，就剩两件；做完两件，就只剩下一件……

可是，大多数像走马灯一般的工作者，往往是每做完一件事，因为错误，又多出两件需要处理的事；或者是解决了旧问题，又产生了新故障，在一团忙乱中又造成了新的工作错误，恶性循环的死结越缠越紧。他们的工作就像孙悟空的头一样，砍掉一个长出两个，越砍越多，越长越多。

此刻，他们已经偏离了工作的正轨，进入了工作越做越多的加法逻辑中。结果是轻则自己不得不手忙脚乱地改错，浪费大量的时间和精力；重则返工检讨，给公司造成经济损失或形象损失。

“第一次就把事情做好”，这是我在参加工作之后不久，一位领导告诉我的一句话。同时，它也是上述两个案例带给我们的启发。后来我又发现，“第一次就把事情做好”是著名管理学家克劳士比“零缺陷”理论的精髓之一。

第一次就把事情做好是最快捷、最划算的工作之道。如果第一次没做好，浪费了做事情的时间不说，还要花费时间返工。同时，第一次就把事情做好也是使我们的工作进入良性的减法逻辑的有效方式。否则，我们的工作就会进入恶性的加法循环——做完一件多两件。

所以，盲目的忙乱毫无价值，必须终止。再忙，也要在必要的时候停下来思考一下，用脑子使巧劲解决问题，而不盲目地拼体力交差。第一次就把事情做好，把该做的工作做到位，这正是解决“忙症”的要诀。

你还忙吗？当然忙！但希望是忙着创造价值，而不是忙着制造错误或改正错误。只要在工作完工之前想一想出错后带给自己和公司的麻烦，想一想出错后造成的损失，就应该能够理解“第一次就把事情做好”这句话的分量。

你的思维，决定你的人生

> 要改变职位，先活动思维。

当我们在执行任务的过程中遇到了障碍，怎么办？是一条道走到黑、不撞南墙不回头呢？还是脑筋一转，放弃原路，另辟蹊径？

在回答这个问题之前，请先看看下面这个摘自《商界》杂志的故事。

在一场欧洲篮球锦标赛中，保加利亚队对阵捷克队。当时，根据小组赛各队的胜负和得分情况，保加利亚队必须净胜捷克队七分才能出线。比赛开始后，两队拼得你死我活。当比赛还剩下五秒钟时，保加利亚队领先两分，他们必须再赢五分。

这是不可能完成的任务。

现场观众开始陆续离场，捷克队队员的眼神中也流露出胜利的喜悦。这时，保加利亚队教练果断请求暂停。电视解说员还戏谑地说："真不知此时暂停意义何在，难道还能起死回生吗？”教练只是简单地向球员交代了几句，比赛继续开始。

保加利亚队队员从底线开球后，将球带向中场。捷克队无心恋战，全部退回自己的半场，唯一想做的就是在防守中消耗掉转瞬即逝的五秒。

这时，令人目瞪口呆的一幕发生了。带球的保加利亚队队员突然转身，大步飞奔，纵身一跳，将球狠狠地扣进了自家的篮筐。一片惊呼声中，裁判的终场哨声响起，比赛结束后，双方战成平局。

保加利亚队队员疯了吗？直到加时赛开始，所有人才恍然大悟，原来，保加利亚队教练用有违常规的做法，赢得了加赛五分钟的宝贵时间。接下来，保加利亚队势不可挡，连连得分。捷克队队员似乎还没从刚才那奇特的一幕中清醒过来，就被打得只有招架之力。结果，保加利亚队一举超出对手七分，顺利出线。

赛后，记者问保加利亚队教练缘何想到如此高招，老头笑呵呵地说：“当别人都被经验所束缚时，你用逆向思维去超越经验，就会创造奇迹。”

事实确实如此，有时候，我们只要放弃盲目的执着，稍微变通一下，就能获得成功。正如美孚石油公司创办人约翰·洛克菲勒所说的那样：“遇到困难和问题，我们应该学会改变思路。思路一转变，原来那些难以解决的困难和问题，就会迎刃而解。”

当工作遭遇挫折的时候，我们通常习惯这样鼓励自己：“坚持到底就是胜利。”这句短促有力的口号任何时候听起来总是让人觉得那么振奋和激情澎湃。貌似真理，但并非如此。这种观念带有的片面性在很大程度上阻碍着人们的追求与发展。

所以，当你的努力迟迟得不到预期效果时，你就不要再像老牛拉磨那样，一根筋地在那里死磕了，而要学会放弃，“换地方打井”。

“换地方打井”这一概念出自著名思维学家、“创新思维之父”德·波诺。原意是指：在一个地方打井，如果老不出水，就不要继续打，换一个地方。换言之，就是目的说明手段，只要你的目的正当，你就可以“不择手段”。

“香港超人”李嘉诚在成为“华人首富”之前，曾在香港一家没有任何名气的五金厂工作，是一名专门负责推销铁桶的普通“行街仔”。

就在当时，年仅十七岁的李嘉诚已经学会了在竞争激烈的“红色海洋”中开辟“蓝海”。为了做到和其他老推销员一样优秀，李嘉诚经常会琢磨一些非常规的推销办法。

当时，一些酒楼、旅店、店铺对五金厂生产的镀锌铁桶很是青睐。所以，推销员们一拥而上，竞争相当激烈。李嘉诚却逆道而行，把目光投向了居民区。因为之前他经过调查发现，住宅区的家庭大多使用的是铝桶而不是白铁桶。假如平均一户家庭需要两只铁桶的话，居民区的铁桶市场就非常庞大。事情果然如他所料，铁桶在这里很受大家欢迎。

还有一次，李嘉诚去一家新开业的旅馆推销铁桶，但不巧的是，这家旅馆的老板与另一家五金厂刚刚达成铁桶购买协议。然而，李嘉诚还是抱着试试看的心态与这个老板聊起了家常。从对方口中得知，他儿子整天缠着他去看赛马，但旅馆开业在即，老板抽不出时间陪儿子。李嘉诚灵机一动，在小职员的安排下，自己掏钱带那位老板的儿子去看了赛马。

事后，那位老板非常感动，毫不犹豫地从李嘉诚手中买下380只铁桶。这不仅是李嘉诚做推销员以来做成的最大一笔生意，也是五金厂众多推销员中的最大一单买卖。

由于李嘉诚勤于动脑、乐于行动，很快成为五金厂业绩最出色的推销员。生意越来越红火，公司的名声也越来越响亮，以至于老板常在其他职员面前激动地说："李嘉诚是咱们五金厂的第一功臣。"

换一种想法，常常能使人豁然开朗、步入新境，也能使人从"山穷水尽"中看到"峰回路转"和"柳暗花明"。而善于"换地方打井"的人，思路往往比较开阔，能想出更多的解决问题的方法。这就使得他们更容易提高工作效率，更容易在竞争中立于不败之地。

如何快速把成功概率从90%提高到99%

> 如果把你完成任务的每一个计划比作一架可能损坏、跌倒的梯子的话，那你为什么不多准备几架梯子呢？

很多员工在接受了任务，或者是做好计划之后，就一丝不苟地去执行。但是，上级下达给你的任务可能是比较重要的，容不得你有过高的失败概率，或者说它可能是一个很高、很难达到的目标，单个计划或方案并不能确保100%的成功。此时的你，又该怎么办呢？

李开复老师以自己的实际行动给我们做出了最好的回答。

记得我在苹果电脑公司任职的时候，公司CEO史考利和我得到了美国当时最红的早间电视节目《早安美国》的邀请，演示我们新发明的语音识别系统。

上节目前，史考利问我："开复，你对演示成功的把握有多大？"那时，我们的系统刚刚搭建，碰到宕机的可能性不小，因此我回答说："大概

90%吧。”史考利说：“你能想办法让这个概率达到99%吗？”我马上回答说：“可以！”

第二天，我们上了节目，一切都很成功，甚至公司的股票都因此涨了两块钱。节目结束后，史考利对我说：“辛苦你了，你昨天一定改程序改到很晚吧？”这时我只好把真相告诉他：“其实，今天的系统和昨天没有任何差别，你高估了我的编程和测试效率。”

他惊讶地说：“你不是答应我说成功率可以提高到99%吗？你该不是冒着这么大的风险上节目吧？”我说：“没错，成功率保证在99%以上——因为我今天带了两台电脑，而且把它们连接起来了，如果一台出了问题，我们可以马上切换到另外一台。根据概率原理，一台电脑失败的可能性是10%，两台独立的机器都失败的可能性就是10%×10%=1%，成功率自然是99%了！”

如果把你完成任务的每一个计划比作一架可能损坏、跌倒的梯子的话，那你为什么不多准备几架梯子呢？正所谓“东方不亮西方亮”！

在有一架梯子的情况下，失败的概率是10%；那么当你有两架梯子时，失败概率就由原先的10%降到了1%（10%×10%=1%）；要是你有三架梯子，你就可以把失败率降到1‰（10%×10%×10%=1‰）了。

不要吊死在一棵树上，要多给自己一些机会，多尝试一些不同的方法。这样做除了可以增加成功的概率、获得上司的重视之外，你还可以学到更多的新知识、获取更多的新经验。

累死你的不是工作，是工作方法

> 工作系统化，经验程序化。

在许多规模不大的公司中，你可以看见，许多高级职员在做着整资料、理信件、冲咖啡，以及种种低级职员也能为之的事务。你还会发现，不单是这些高级职员，整个公司的所有职员都工作得不得其道：种种错误的、不经济的、不适当的工作步骤随处可见。

这就是工作缺乏系统化产生的场景，这就是职员办事效率低下的原因所在。

工作缺乏系统化的职员，常常会因为办事方法的不恰当而蒙受损失，小则挨批受罚，大则降职失业。他们不懂得处理事务的分寸，有时“过之”，有时“不及”。他们的工作进度，时时落后于人。他们不能改进，不能提高。围绕在他们身边的一切事务都处于混乱之中。

我心中记得一个人，他真是一个“无头的苍蝇”。不管你在什么时候去看他，他总是忙得喘不过气来，只能拿出几秒钟的时间同你谈话。假使你显出要同他长谈的姿势，他会拿出他的手表来提醒你，他的时间是宝贵的。

他经营的公司做得很大，但开支更大。他不懂得人工经济的原理，只想雇用更多的人，以补救他凌乱的办法，补救他系统的缺乏。他有着一个无系统的头脑，缺乏处置事务的能力。

结果，他的事务总是一团糟。他的办公室、他的写字桌，有如一间旧货铺。他老是忙碌，甚至没有时间把手头的东西安置好。即使有时间，他也不知道应该安置在什么地方好。我曾好几次到他的办公室，看见他在一堆凌乱的信件纸张中寻找东西。

这个人自己及他的职员的工作都没有系统，而他却只知道催促他的职员，告诉他们一切都已落后，督促他们工作更宜努力。一切尽在混乱中。各人做完一件事后，都不知道应该再做些什么。假使去请命于他，他也只能催他们尽力去干。他不能发出固定、具体的命令。他没有工作计划，没有工作纲领。于是各人自为，各不相干。

以上是摘自由奥里森·马登著、林语堂译的《靠自己成功》一书中的一个片段。该片段给我们呈现了一个真实而形象的工作缺乏系统化的高级职员的工作状态。想想平时工作中的自己，是不是也在重蹈着他的覆辙呢?

接下来，我们继续看一下奥里森·马登心中成功职场人士的工作状态。

我同时又认识一个与他同行的竞争者。从来不见他忙碌。他总是很平静、很安详，永远不会慌张。不管业务怎样繁重，他总有时间从容地招待你。在他的公司、他的办公室，一切都有条不紊。大家似乎个个不忙碌，然而事务却进行得很顺利，没有混乱，也没有不必要的重复的工作。

他每晚清理他的办公桌。重要的信，立刻回复。订货单赶快填发。所以，他的营业规模虽大过上述之人百倍，然而外表看来一丝不乱，一切事务的进行整齐得像钟表转动一样。因为他能用他的头脑指挥他的职员，能系统化公司中的工作，甚至连每个学徒都能感觉到自己是大系统中的一部分。各人的工作都按照一定的程序进行，因此一点都不慌张凌乱。

时间没有浪费，人工没有浪费。办公室中不慌张、不凌乱。这位条理井然的经理，给人一种“平衡”“安详”的印象。他不是埋头死做，也不是事必躬亲。

工作愈有系统，则时间愈多。他的事务按照着程序进行。他的业务之成功，不在于每时每刻都去督促他人。他能支配、指挥他人，能订下工作计划，然后由别人执行。

此时，你是不是已经豁然开朗了。原来，轻松高效的工作方法竟然是如此简单——你只要将自己的工作系统化，就万事大吉了。你变了，工作效率就变了。系统化的做法不只是把事情做好的最佳方法，也是最快的方式。

我们都知道消防队员行动特别迅速，如果像我们一样慢吞吞，一幢房子早烧光了。可是你有所不知，在消防队里，所有的工具都必须非常严谨地合理放置；晚上入睡，消防队员的衣物怎么穿、怎么脱、如何摆放，也都有十分明确的规范。否则，警报响起来，靴子找不到鞋带，裤子配不着皮带，怎么办？这都是消防员在工作中一点一点摸索出来的，他们凭借自己的所有经验形成了一个高效快速的反应程序。

所以，我们每个人都应该把自己正在做的事情和已经做完的事情系统化，建立个人的工作系统。

在建立个人的工作系统之前，我们要坚持这样三个原则：第一要规范，第二要认真，第三要研究。只有对每一件小事都以认真的态度、规范的方法去研究、做好，形成系统，才有可能做出大事业来。

打造自己的“名片”

尽职尽责才能尽善尽美：无论从事什么工作，都应该精通它。

一位成功的企业家曾说：“真正制好一枚别针，应该比制造出粗陋的蒸汽机能赚到更多的钱。”

企业不需要“制造出粗陋的蒸汽机”的人，我们应该培养自己“真正制好一枚别针”的责任心和工作态度。只有这样，当我们回顾自己走过的道路时，才不会为虚度年华而后悔；而你的行为赢得了社会的认可，“敬业”二字也会镌刻在你的“名片”之上。

一个人无论从事何种职业，都应该尽职尽责，尽自己的最大努力，求得不断的进步。这不仅是工作的原则，也是做人的原则。如果没有了职责和理想，生命就会变得毫无意义。无论你身居何处（即使在贫穷困苦的环境中），如果能全身心投入工作，最后定会获得经济自由。那些在人生中取得成就的人，一定在某一特定领域里进行过坚持不懈的努力。

知道如何做好一件事，比对很多事情都懂一点皮毛要强得多。一位总统在得克萨斯州的一所学校做演讲时，对学生们说：“比其他事情更重要的是，你们需要知道怎样将一件事情做好。与其他有能力做这件事的人相比，如果你能做得更好，那么，你就永远不会失业。”

许多人都曾为一个问题而困惑不解：为什么明明自己比他人更有能力，但是成就却远远落后于他人？不要疑惑，不要抱怨，先问自己几个问题：

◎自己是否真的走在前进的道路上？

◎自己是否像画家仔细研究画布一样，仔细研究过职业领域的各个细节问题？

◎为了扩大自己的知识面，或者为了给你的老板创造更多的价值，你认真阅读过专业方面的书籍吗？

◎在自己的工作领域，你是否做到了尽职尽责？

如果你对这些问题无法做出肯定的回答，那么这就是你无法取胜的原因。如果一件事情是正确的，就大胆而尽职地去做吧！如果它是错误的，就干脆别动手。

有人就个人努力与成功之间的关系请教一位伟人：“你是如何完成如此多的工作的？”“我在一段时间内只会集中精力做一件事，但我会彻底做好。”那位伟人如是说。

如果你没有对自己的工作做好充分的准备，又怎能因自己的失败而责怪他人、责怪社会呢？现在，最需要做到的就是“精通”二字。大自然要经过亿万年的进化，才能长出一朵艳丽的花朵和一颗饱满的果实。

有的年轻人随便读几本法律书，就想处理一桩桩棘手的案件；也有人听了两三堂医学课，就急于做外科手术——要知道，那个手术关系着宝贵的生命啊！这种人注定是失败者，家人和同事也会为他们感到沮丧和失望。

泛泛地了解一些知识和经验是远远不够的，多才多艺往往使许多人失去成功的机会。许多有前途、有思想的年轻人如果一开始无法果断地选择一个正确的方向，并持之以恒地走下去，那么一直到老年，他们可能依然还在徘徊不定。

一位著名的企业家曾说过："'万事通'在我们那个年代还有机会施展，到如今已一文不值了。"企图掌握好几十种职业技能，不如精通其中一种。什么事情都知道些皮毛，还不如在某一方面懂得更多、理解得更透彻。

无论从事什么工作，都应该精通它。如果你是工作方面的行家里手，精通自己的全部业务，就能赢得良好的声誉，也就拥有了成功的秘密武器。

借力，让自己变强大

对现有资源进行有效利用，这是提高工作效率的关键。

我们在经过多次努力之后，目标还是没有达到，就会很自然地说："我已经尽力了，并且是竭尽全力了。"如此一说，好像达不到目标也是应该的。想想也是，中国不是有句古话叫作"谋事在人，成事在天"嘛，"已经尽力了"这个没完成目标的理由好像并没有什么不妥。

但是，我想问的是，在努力的过程中，我们真的用上所有力量了吗？

一个大约五六岁的小男孩在他的玩具沙箱里玩耍，沙箱里有几辆大小不一的玩具小汽车和一把亮闪闪的塑料铲子。小男孩正热情高涨地用小铲子为自己的小汽车修筑"公路"。可是，在"施工"的过程中，很意外地出现了一块大石头。

小男孩开始挖刨石头周围的沙子，试图把那块大石头从沙箱中搬出来，继续自己的“工程”。尽管那块石头不算太大，但对于气力有限的小男孩来说，它绝对算得上是一块“巨石”。小男孩跳进沙箱，手脚并用，没费太大力气，那块石头便被他连推带滚地弄到了沙箱边缘。

这时，小男孩才发现，他无法把石头向上滚动，翻过沙箱的边沿。他咬着牙，憋着气，一次又一次地向石头发起冲击。可是，每当他刚刚有了一点点进展时，石头就滑落了，重新掉回到沙箱里。

小男孩不死心，深吸一口气，使出吃奶的力气向上猛推那块石头。大石头再次滑落下来，并轧伤了他的脚。他一屁股坐在沙箱里，伤心地哭了起来。

小男孩搬石头的全部过程被站在屋内的爸爸看得一清二楚。当泪珠滚过孩子的脸庞时，爸爸来到跟前，温和而坚定地对他说：“儿子，你为什么不用上你所有的力量呢？”

垂头丧气的小男孩抽泣道：“我已经尽了全力，爸爸，我用尽了我所有的力量！”

“不对，儿子。”爸爸亲切地纠正道，“你并没有用尽你所有的力量。你瞧，爸爸不是比你强壮吗，你为什么不向爸爸求助呢？”

爸爸说着，弯下腰，只用了一只手便轻而易举地把那块石头移出了沙箱。

面对困难，抱着顽强的态度与执着的精神固然不错，但一个人的力量毕竟是有限的；知道自己的有限，学会适时地借用一下他人的力量，是一种谦卑，更是一种智慧。

有一个聪明的小男孩，有一天妈妈带着他到杂货店买东西。老板很喜欢这个可爱的小男孩，就打开一罐糖果，要小男孩自己拿一把。但是这个小男孩站着一动不动，没有任何动作。几次邀请之后，老板亲自抓了一大把糖果放进了小男孩的口袋中。

回到家里，妈妈很好奇地问小男孩，为什么没有自己去抓糖果。小男孩回答得很妙：“因为我的手比较小呀！而老板的手比较大，所以他拿的一定比我拿的多很多！”

“开口向他人求助”对于要脸要面的职场人来说，可能会有一些难为情。但把这种难为情与完不成工作或者延期完成工作的难为情相比较，你觉得哪个更容易接受呢?

钱伟是一个刚参加工作没多久的应届本科毕业生。由于性格内向，不善于向同事请教，他经常会把一些很简单的事情弄得十分复杂。

一天，公司的打印纸用完了，钱伟自告奋勇地承担了买打印纸的任务。他一早出去，直到中午才抱着两大包打印纸气喘吁吁地回来。

“你去哪儿了？一上午都没见你在办公室。”经理与正要进门的钱伟撞了个正着，不高兴地问道。

钱伟上气不接下气地说：“我去批发市场买打印纸了，跑了好多家，总算找到了我们公司常用的那种规格的打印纸。累死我了。”说完，还掏出一张的士车票要求报销。

经理接过车票，哭笑不得：“买包打印纸用得着专门打车去批发市场吗?打个电话就完事了，对方还负责送货上门，价格也比你买的便宜好多。”

“是吗？这个，我还真的不知道。”钱伟摸摸脑门，不好意思地回应道。

“拜托，既然不知道，那为什么不在做之前问问别人呢？你这样做事很耽误时间的。”经理真是一脸无奈。“下次再这样，你就考虑走人吧。”经理给钱伟下达了最后通牒。

其实，“开口向他人求助”只是被我们忽视的所有可用力量中的一种。除此之外，还有许多未被我们发觉的“潜在力量”围绕在我们身边。能否有效地对它们进行利用，关键看我们是否进行了全面而细致的考量。

对现有资源进行有效利用，这是提高工作效率的关键。在工作中，资源无处不在，就等着我们去发现和利用。当你在工作中遇到困难时，你的同事、上司都是你可以利用的资源。你可以开口向他们请教，也可以在专业书籍中找答案，甚至还可以上网发帖子寻求网友们的帮助。

不要总是因资源的匮乏而苦闷，其实很多时候并非没有资源，而是你缺乏挖掘和开发资源的眼光和能力。事半功倍还是事倍功半，点石成金还是点金成石，就看你如何选择、如何运用自己的资源。

“你真的用上所有力量了吗？”这个问题提醒我们，对于在工作中遇到的困难，我们要做一个总体的分析：攻克这一难关的方法一共有多少种？我们是否忽视了某些周围可用的资源？那些不可用的资源能否通过一定的条件转换成可被我们利用的资源？……

如果你的思路不够清晰，不妨暂且抛开眼前的困难，平心静气地坐在桌子前面，拿出一张纸，在这张纸的左边写上自己遇到的困难，右边列出自己可以用得上的资源和力量。你会发现，这种力量对比的方式的确可以帮你“拨开云雾见明月”。

当我们感觉自己尽力了但任务还无法完成时，请想想那块大石头，然后扪心自问一下：“我真的用上所有力量了吗？”

提出问题时，你带解决方案了吗？

企业里能发现问题、提出问题的人很多，那些能够创造机会和得到机会的是能够发现问题并解决问题的人。

李嘉诚常常告诫自己的属下说：“当你提出困难时，请提出解决方法，然后告诉我，哪一个解决方法是最好的。”可以说，主动发现问题并勇于解决问题是成为一名优秀员工的必要条件。但是，曾在微软打拼多年的“打工皇帝”唐骏并不满足于此。

我做过公司老板，知道当老板的管只会提建议的人叫挑刺的人，这类人往往会让老板讨厌。老板对既能提出问题又能提出解决方案的人会有好感，但一般不会重用。而老板最信任的则是，除了做到前面两点，还能论证出方案可行性的人。

如果当初唐骏仅仅是按照李嘉诚的忠告去展开自己的工作的话，那唐骏传奇可能就不存在或者说要推后几年出现了。在《我的成功可以复制》这本自传中，唐骏用事实对自己的这一观点进行了有理有据的论证。

我所属的部门负责设计、开发并向外发布简体中文版、繁体中文版、日文版和韩文版等非英语国家及地区的Windows NT软件。整个多语言版本开发部门是一个三百多人的大团队。微软当年开发多语言版本的思路是：先开发英文版，再将英文版移植到其他语言版本上去。

以Windows中文版为例。从英文版移植到中文版，并不只是翻译菜单那么简单，许多源代码都得重新改写。比如Word里打完一行字会自动换行，可英文是单字节的，中文却是双字节，一个“好”字，就很可能“女”在上一行末尾，“子”却到了下一行开头。所以最初的Windows 3.0上市后，中文版过了九个月才上市。到了Windows 3.1，更是滞后了一年多。Windows 95情况稍好，但也差了将近八个月的时间。

我越看越不顺眼：常年雇那么多人做新版本，成本太高；全球各语言版本推迟那么久上市，贻误商机。我很快得出结论：出现这样的问题，一定是开发模式没有找好。我开始动起了脑筋……

当时我构想出的新思路是：改变Windows的内核构造，把英文内核变成国际化语言的内核。这样，移植便大大简化，只需进行简单的界面翻译即可，而且可以做到与英文版的进一步开发同步进行。

按照李嘉诚对员工的要求，唐骏发现了问题，也有了解决问题的最佳方案，他完全可以将问题连同解决方案上报给上级，然后做“甩手掌柜”，静候上级的审核。但唐骏并没有这么做。结合自己昔日的老板身份，唐骏认为，公司老板最信任的是那些既能提出问题又能解决问题，同时还能论证出方案可行性的员工。

思路确定以后，我需要得出改造模块的样本。Windows操作系统有2800多个模块，如果我一个人将这些模块逐一做出来，可能要花五十年或者一百年时间。因为Windows操作系统分三大部分，我认真分析这三大部分的共同之处和不同之处，以找出一种模式可以同时应用于这三大部分。然后我每部分各选做了一个具有代表性的模块，可以充分显示我的思路的正确性。之后，通过我的各种论证，证明这样的模式改造对公司有百利而无一害。

在将自己的开发模式进行实验论证，并得到完全可行的结果之后，唐骏写了一份书面报告。在报告中，唐骏不仅提出了问题、拿出了解决方案，还将自己在论证解决方案时编写的程序放了进去。

事实上，唐骏的这一做法是完全正确的。这从他的直接上司的评价里可以看得出来："唐骏，你不是第一个提出这个问题的人，也不是第一个带来解决方案的人，但你是唯一一个为解决方案找到论证办法的人。"

顺理成章地，唐骏从一个普通的软件工程师一跃成为Windows NT开发部门的高级经理。

唐骏得到了提拔，并不是仰仗突出的技术，也不是依靠新颖的创意，因为在他发现Windows多语言开发模式上的漏洞之前，已经有很多人发现了这个问题，甚至有不少人向经理提交了自己的书面解决方案，但是只有他一个人对解决方案进行了可行性论证。这就是企业一直强调的执行力，也是唐骏认为自己在微软最成功的地方之一。

七条建议，提高你的团队合作力

> 一只蚂蚁来搬米，搬来搬去搬不起。两只蚂蚁来搬米，身体晃来又晃去。三只蚂蚁来搬米，轻轻抬着进洞里。

“一个和尚挑水喝，两个和尚抬水喝，三个和尚没水喝。”“一只蚂蚁来搬米，搬来搬去搬不起。两只蚂蚁来搬米，身体晃来又晃去。三只蚂蚁来搬米，轻轻抬着进洞里。”由“三个和尚”组成的团队与“三只蚂蚁”构成的团队在行动时出现了截然相反的结果。

当中原因用一首歌来解释，最合适不过的就是“团结就是力量”。“三个和尚”因为彼此互相推诿、不讲协作，所以没水喝；而“三只蚂蚁来搬米”之所以能“轻轻抬着进洞里”，正是团结协作的结果。

有个外国老太太来到中国，找了几个中国孩子，让他们做一个游戏。她把几个拴着细线的小球放进一个瓶子里，瓶口很小，一次只能容纳一个小球通过。

她说："这是一个火灾现场，每个人只有逃出瓶子才能活下去。"

她让每个孩子拿一根细线。游戏开始了，只见几个孩子从小到大，依次把小球取了出来。

那个外国老太太很惊讶，她在许多国家做过这个实验，但是没有一次成功过。那些孩子都争先恐后地把细线拼命往上拉，导致一堆小球堵在瓶口……

这就是团队合作的力量。

一个团体，如果组织涣散，人人自行其是，甚至搞"窝里斗"，何来生机与活力？又何谈做事、创业？于是乎，"我们正在找寻的你，必须具有良好的团队精神"就出现在了很多用人单位的招聘要求一栏里。而且公司愈大、愈国际化，就愈是强调team work（团队协作）的重要性。

张焱大学毕业后留在了南京。一家广告公司招聘的时候，他顺利通过笔试和面试留了下来。

试用期间，公司总经理对同时录取的五个人说："试用期满，将在你们中间选一名业务主管。"听了总经理的话，张焱雄心勃勃，发誓一定要当上业务主管！

然而，要想当上业务主管就必须战胜其他四个同事。张焱心想：在短短的三个月里，要突显自己的业绩，仅靠埋头苦干是不行的。我必须凭借聪明才智，苦干加巧干。此后，张焱开始频频进入广告设计网站博览别人的设计创意，并常常跟网络设计高手交流。

为了万无一失，确保自己能超过他们，张焱还开始"不耻下问"地向其他四个同事学习。而他们向自己请教问题的时候，张焱每次都把自己独特的见解藏起来，只说一些能在网上查询到的观点。

试用期满，张焱的业绩果然比其他四个人突出。张焱心想，业务主管一职肯定非我莫属。然而，总经理的决定却让张焱大跌眼镜：他不仅没能当上业务主管，还被公司解雇了！

面对总经理的决定，张焱质问为什么会这样。总经理平和地说："我们公司之所以能有今天，主要靠的是团队合作精神。因此，在我们公司，能跟同事共同进步的人才是最理想的人选。"

原来，总经理对张焱的所作所为明察秋毫。张焱离开公司的时候，总经理吩咐财务处多给他结算了一个月的工资，并拍着他的肩膀语重心长地说："记住，跟同事共同进步比只向同事学习更受欢迎。"

时代需要英雄，但更需要优秀的团队。一个民族如果没有团队精神将无所作为，一个企业如果没有团队精神也将成为一盘散沙。如果你才华横溢却遭职场拒签，那么你就应该好好问一下自己：你觉得自己是一个优质的团队人吗?

如果答案是否定的，那就请你一起来了解一下其中的精髓吧！我们不妨把心理学博士张怡筠在《工作其实很简单》一书中写下的七条中肯的建议贴在书桌上，以此来不断提高自己的团队合作力。

1.愿意接受并遵守团队决定

作为一个团队人的首要特质，就是相信团队所做出的决议有其优点及必要性。一旦团队做出决议后，每个人都应该抛弃个人的主观想法，接受并且遵守大伙儿的共识，而不是消极抵制或我行我素。

2.主动表达合作意愿

合作，是团队运作的基础。身为优质团队人的你，必定有着与人合作的高度诚意。“这是我对这件事的想法，”你要诚恳地表达自己的意见，并耐心询问别人是否有其他的看法，“不知道各位有没有更好的点子？”

3.重视其他成员的利益

一个好的团队人之所以能受到大家的喜欢，是因为他拥有良好的同理心。在这方面，一个很漂亮的做法是，在讨论中提出自己的建议后，主动问问大家：“我的想法是否会给你们造成不便呢？”

4.肯定其他成员的成就

团队动力是需要相互激发的，因此请别忘了对团队中其他成员的杰出表现给予真诚大方的赞美。不过在这里想提醒你的是，“大方”是“不吝啬”的意思，并不是“夸大”的同义词，千万别用力过了头，开始谄媚奉承起来。

5.提出建设性的批评

在团体中一不小心，就很可能会因为相互的批评，而扼杀了好不容易建立起来的“革命情感”。所以在提出不同意见时，应当发挥超高的EQ技巧，给予对方建设性的批评。但不论你多会进行善意的批评，请别忘了永远要做个“赞美比批评多”的团队人。

6.主动承担问题解决的责任

真正的team player（有团队精神的人）绝对不是光说不练的意见发表者，而是一个脚踏实地的实际行动者。有问题，大家坐下来讨论该如何处理。一旦有了结论，优质的团队人就会衡量状况，主动承担责任。在别人开口要求前，率先表达乐于做苦工的意愿，这是团队精神的完美呈现。

7.帮助其他成员完成工作

在工作进行当中，别忘了关心一下其他成员的工作状况，如果有任何帮得上忙的地方，主动表示自己愿意出力相助，并且说到做到。人人都喜欢乐于助人的同事，更何况在一个团体中，帮助小组成员成功，等于帮助自己成功，何乐而不为呢?

要成为一个优质团队人并不难，只要多用份心，你就是工作团队中最耀眼的那一颗明星。

请学会“勉强”别人

学会“勉强”别人，是职场中人认清事实、学习成长的开始。

瓜熟蒂落，水到渠成，这是大多数工作者期待的理想工作境界，但现实情况往往并非如人所愿。在多数情况下，我们要厚着脸皮，不断“勉强”自己、“勉强”别人，最后才能收到成效。

在2008到2009年，最风光的职业经理人无疑是被誉为“中国第一打工皇帝”的唐骏了。拿着10亿元转会费从盛大转投新华都后，唐骏成为无数打工者的偶像，也吸引了无数媒体的采访。在诸多采访记录中，我印象最深的是1984年唐骏在教育部门前当“保安”的那段经历，“勉强”别人的绝妙艺术在其中得到了最完美的体现。

1980年，因高考语文一分之差，唐骏与心仪已久的复旦大学失之交臂，一直掉到第五志愿——北京邮电学院（现已改名为北京邮电大学）。北京邮电学院在当时是著名的“八大学院”之一，但毕竟不是唐骏的第一志愿，专业也是他兴趣有限的应用物理。于是，他满怀失落与苦闷，大学头三年，几乎都在自暴自弃中度过。后来，在女朋友孙春蓝的鼓励下，唐骏改修光纤通信专业，学习积极性空前高涨，仅用一年半时间就完成了别人四年才能完成的课程，并报考了这个专业的研究生。

那年的光纤通信研究生考试结果让所有人大跌眼镜——第一名正是“摸了三年鱼”的唐骏。然而，喜悦并没有持续多久，梦想着留学的他，因为从未当过“三好学生”而失去了从北京邮电学院出国的资格。

“今年的英语题非常难，像北邮这样的学校，只有五个学生合格。那其他学校，特别是那些不如北邮的大学，肯定会有很多考生因为外语被刷掉，而空出出国名额。”唐骏脑筋一转，很快得出了这样一个令人兴奋的推理结果。

唐骏立刻给各个大学研究生处打电话，在遭遇无数次拒绝之后，终于，北京广播学院的一个老师说：“我们可以帮你把材料报上去。”学校这边搞定了，可教育部能不能批下来呢？穷学生没钱没门路，怎么办？

于是，唐骏干脆拿着介绍信，去教育部出国司门口死守，认准了一位副司长后，连续好几天到大门口“上班”。

教育部八点上班，唐骏七点半就到了，见到副司长，就赶紧嘴上抹蜜似的打招呼：“司长，早上好！”中午人家出来吃饭，他又说：“司长，您出来吃饭啊。”晚上下班，他还在门口送行。一天，两天，三天……到后来，外边来办事的人都把他当成保安了。

第四天，副司长熬不住了：“你干吗的？”唐骏赶紧回答：“我广播学院的。”他说：“哦。”第五天，唐骏又去了，副司长一脸惊讶：“你又来了？”唐骏笑着回答：“我会一直来。”

第六天中午，副司长终于把唐骏叫进了办公室……也许是被他的诚意打动，也许是不胜其烦，总之看了材料后，副司长当场宣布："你可以出国了！"

台湾著名出版人、城邦CEO何飞鹏所著的《自慢：从员工到总经理的成长笔记》一书的最后一节讲的就是"勉强别人"的话题，这与唐骏的上述经历有异曲同工之妙。在书中，何先生写道："几乎没有一件事是别人乐意去帮你的，每一个人都是在他人不断的催促、不断的说服、不断的沟通、不断的哀求之下，完成某一件事。"

事实的确如此，你会发现，软磨硬泡、死缠烂打的方法很有效——虽然对方之前无数次说过"这是不可能的""这个做不到"进行推托，但最后，他们又总是奇迹般地按你的要求做到了。

如果仔细观察，你会发现：

这是一个无所不"勉强"的世界，譬如：老师"勉强"学生读书，父母"勉强"儿女用功，小孩"勉强"爸妈给零用钱，主管"勉强"下属完成工作，业务员"勉强"客户下单，政府"勉强"人民缴税……

如果足够细心，你还会发现：

但凡成功的人，都是很会"勉强"别人的人——老师因"勉强"学生成功升入大学而被评为"先进工作者"；主管因"勉强"下属完成了困难的任务而成功晋升；业务员因"勉强"客户下了单而成为公司的中坚力量……而不愿意"勉强"别人，其实是无能力的托词。

何飞鹏先生曾说："学会'勉强'别人，是职场中人认清事实、学习成长的开始。”只要任务有可能完成，只要我们的出发点是正确的，那“勉强”自己、“勉强”别人都是对的。正所谓“工作无罪，‘勉强’有理”。

民主要“要求”，法制要“要求”，宪政要“要求”……你不去“要求”，不去“勉强”别人，别人是没有道理去做的。无论面对什么事情，我们都不能是“希望”如何如何，而应该是“要求”如何如何。

伟大领袖毛主席教育我们：“革命不是请客吃饭，不是做文章，不是绘画绣花，不能那样雅致，那样从容不迫、文质彬彬，那样温良恭俭让。”这话说得没错！工作也不是请客吃饭，拒绝形式美，追求结果对——这就是职场成功人士的必备武器！

生活在这个处处充满着无奈的现实世界中，我们真的非常有必要“勉强”自己学会“勉强”。

>>> Chapter 4

与办公室政治共舞

——Read? 你会“读人”吗?

与人交往的时候，要多听少说。这就是上帝为什么给我们一个嘴巴两个耳朵的原因。

——马云，阿里巴巴集团创始人

听懂老板的“话中话”，从此不讨骂

准确地领悟出上司的真正意图，然后恰到好处地、创造性地执行上司的指令。

有一则专门讽刺醉鬼的相声说：

甲乙两人某天晚上喝多了酒，但都不承认自己醉了，却又互相说对方醉了。说着说着，甲把房里的灯关了，打开手电筒，把光柱朝向天花板，对乙说：“如果你没醉，就顺着这根杆子爬上去。”这时乙乐了：“我没醉，你别糊弄我。等我爬到一半，你把电门一关，我不就掉下来了？”

两人都喝醉了，但似乎又都带有最后的一分清醒，于是幽默的效果就出来了。作为相声，这种幽默是轻松诙谐的。然而，同样的事，如果发生在我们的工作中，有时候却是苦涩的。

对于上司的一个含糊其辞的甚至是话中带话的指令，如果做下属的不假思索，缺少悟性地盲从，当作“杆子”往上爬，结果往往是，忙乎了一阵子之后，老板“电门”一关，你的眼前什么也没有了，只能落个自讨没趣。

林爽是某企业人力资源部的一名职员。有一次，老板和她谈话，先是夸奖她业绩不错，认为她可以担当更重要的职责；然后又说最近行业不景气，利润比去年下滑得厉害；最后问如果她做主管的话，会不会考虑裁员。

林爽愣了一下，随口说不会，因为很多同事都是一起患难与共的。老板脸色稍变。后来，林爽的同事晋升为主管。事后林爽才想清楚，老板的意思就是想裁员。如果她不是从个人感情的角度看问题，而是站在企业发展的角度考虑，那么升职的就会是她。

听懂老板说的话，难不难？难！重不重要？超级重要！上司的指令并不都是直白明了的，而聪明下属的高明之处就在于能够准确地领悟出上司的真正意图，然后恰到好处地、创造性地执行上司的指令。

谭宁是一名优秀的日化用品销售人员。有一天，领导给了他两万元活动经费，让他组织一次大型的日化用品降价促销活动。领导甚至明确指示，为了打开这个市场，谭宁可以将部分日用产品大幅降价，只求销量，不求利润。

谭宁拿到经费后，脑筋立刻转开了：公司从去年以来，就实行严格的效益成本考核。很显然，公司拨的这两万元活动经费，肯定要从市场上挣回来。如果完全按照领导的意思，只降价求销量而不计较利润，那么最后倒霉的肯定是自己。

为此，谭宁决定将其中的一小部分产品大幅降价，而对其他大部分产品实行原价销售。同时，谭宁还与经销商协商好，活动期间卖出的所有商品一律不再返利，这样就极大地降低了利润损失。

有那一小部分大幅降价的产品招揽顾客，再加上谭宁出色的营销策划能力，此次降价促销活动取得了“名利双收”的丰硕成果。

自此之后，老板对谭宁器重有加，不管大事小事，总喜欢找她商量，俨然把她当成了自己的亲信。

中国有句俗语：“看人看心，听话听音。”要得到老板的赏识，打通自己在职场上的晋升之路，除了具备超强的工作能力之外，准确地听出上司话中的言外之意、话外之音也是极其重要的一环。

在沟通交流的过程中，下属想要又快又准地领悟上司的意图，就必须平时多观察、多揣摩，掌握上司处理事情的思路，借以调整自己的做事节奏，与上司默契配合。只有做一个有心人，才能给老板留下善于执行的好印象。

“老虎打盹”了，你在放哨吗?

一个好下属要在“老虎打盹”的时候放哨、站岗。

金无足赤，人无完人。在市场经济的惊涛骇浪中，局面瞬息万变，上司再英明，也不可能一贯正确。所以，每个员工在“唯老板命令是从”、为老板树立权威的同时，还要适当怀疑老板的批示，不露声色地处处留意和弥补老板的疏忽，保障公司这条大船顺利航行。

给老板纠错绝不是一件容易的事，像古代专司挑错之职的左右拾遗，头上的乌纱帽与项上人头的去留永远在旦夕之间。虽然今天的上下级早已没了君臣之礼，但那条无形的鸿沟还是时时提醒你上下有别。能不能越过这个心理障碍，就要看你的魄力了。

孙磊是一家电器公司的市场部经理，业务能力强，胆大心细。有一次，当地政府在某开发区成立了一个企业联盟组织，孙磊所属的电器公司是被邀请单位之一。接到政府通知之后，孙磊立即报到了董事长那里。

拿着政府烫金的邀请函左看右看、上看下看，董事长觉得没有参加的必要。因为邀请函中未列明该组织的职能以及运作模式，更没有对企业有价值的表述，却需要公司出资十万元。董事长考虑到这很可能是政府需要企业赞助而对企业没有实质性意义的一项出资，在经济危机的特殊时期，企业不宜发生此项费用。因此，董事长批示不参加此次联盟组织。

孙磊凭借职业敏感，觉得此项出资肯定对企业有意义，但必须先搞清楚该联盟组织的职能，向董事长证明这项出资对公司有好处，能为公司创造价值。借助自己的社会关系，孙磊走访了政府相关部门和有关协会，详细咨询了有关领导，真正了解了政府成立该联盟组织的目的。

孙磊带着自己掌握的相关信息再次来到了董事长办公室，劝说董事长参加此次联盟组织。在经济危机的大环境下，孙磊不想方设法减少公司支出，反而极力鼓动公司不明不白地出资十万元，这惹得董事长很不高兴。

这时，摆在孙磊面前的路有两条，要么听从老板，让公司错失发展机会；要么阻止老板，这样老板可能对自己不满，自己的“饭碗”也岌岌可危。经过深思熟虑，孙磊选择了后者。他推心置腹地跟董事长长谈，一次不行就两次，两次不行就三次，反正离出席时间还有一个星期。

孙磊的锲而不舍终于引起了董事长对此事的重视，他决定好好调查一下。于是，他拨通了一个在政府要职部门任职的老同学的电话，对这件事进行了详细咨询，方才大悟，原来政府组织此次企业联盟的主要目的是挑选国家在今后一段时期内的重点扶持对象。这对公司将来的发展而言，有着举足轻重的作用。

搞清事情的真相之后，董事长特意把孙磊叫到办公室，满含歉意地说：“这次真是多亏了你的执着。你全权负责这件事吧。”

孙磊并没有因为老板的不批准就直接回绝对方，而是本着对企业负责的精神，反复认真地进行调查落实，这是一种难能可贵的职业精神。跟孙磊比起来，那些为谋得老板好感而不顾企业利益的“唯老板命令是从”的“应声虫”们是不是该有所反省了呢?

在工作中，我们有必要适当地怀疑老板的批示，因为老虎也有打盹的时候，上司也有迷糊的可能。一个好下属要在“老虎打盹”的时候放哨、站岗。这不仅是一种考验，也是一种成长体验，更是强烈责任心的体现。

别拿副职领导不当领导

虽说有劲儿要使在刀刃上，但刀刃往往也要倚仗磨刀石。

通常我们都称正职领导为“一把手”，副职领导为“二把手”。尽管都是领导，但一个“副”字，使得两者的地位差了十万八千里。很多事情，“二把手”一定要和“一把手”商量，而“一把手”往往只是征询一下“二把手”的意见，最后还是必须由“一把手”来拍板决定。

正如有人说的那样，“‘一把手’是绝对真理，而‘二把手’只是相对真理”。所以大家常说“宁为鸡头，不为凤尾”，就是说宁愿到小单位当“一把手”，也不到大单位当副职。

基于这种人人皆知的传统心态，许多员工往往会忽视“二把手”的作用。他们认为，有劲儿要使在刀刃上，要找就找说话管用、说一句顶一句的“一把手”；对于仰人鼻息、权力有限的“二把手”，只要不得罪就可以了。

事实上，副职领导虽比不上正职领导权力大，但也非等闲之辈。怕就怕你把正职领导“搞定”了，而被你忽视的副职领导的“副作用”却成为你在职场晋级之路上难以预料的障碍。

有这样一个职员，刚满24岁，就已经是科长了，而且很有发展前途。机关里的“一把手”对他十分欣赏，也格外重视他提出的意见和建议。可他对“一把手”却不像其他人那样毕恭毕敬，反倒对“二把手”出人意料地亲近。逢年过节，必登门拜访，且总要拎上一些家乡的土特产。

大家觉得很奇怪，“一把手”明明是一个很难得的有魄力、知人善任的人，“二把手”明明是一个本事不大、心眼不少的人，他为什么要弃明投暗，一个劲地对后者示好呢?

一个关系亲密且好奇心超强的朋友问他原因。他神神秘秘地说：“你想啊，‘一把手’是大家公认的正人君子，用不着你和他套近乎，只要好好干，他就满意了。而‘二把手’则不同，虽然没多少业务方面的真本事，但在为人处世方面却极有一手。我不指望他能给我起什么正面作用，但如果在背后给我一点“小果子”，我也吃不消呀。我之所以对他比较亲近，就是希望他不要给我起不好的作用，我就谢天谢地了。”

他这一番掏心窝子的大实话，让朋友恍然大悟。仔细想想确实如此：“一把手”为人正直，看到年轻有为的小伙子，自然是赞许有加；而善于钻营、斗心眼的“二把手”考虑到小伙子平时对他的恭敬之举，也会对他十分满意。所以，在工作上，小伙子尽管很年轻，却很少或者说根本没有受到过来自上层的排挤。

我们不得不说，小伙子的做法是十分明智的。“二把手”虽然没有决策权，不能像“一把手”那样说一句顶一句，但他们有自己的圈子和能量，对于公司的人事关系尤其知情，对“一把手”做决定起着举足轻重的作用。所以，作为职员，我们千万不要低估“二把手”的本事，更不能回避，否则容易产生一些不必要的误会。

“虽说有劲儿要使在刀刃上，但刀刃往往也要倚仗磨刀石。”出自《中国人的纵横术》里的这句话用在这里最恰当不过了。

所以，我真心地奉劝职场同胞们，别再拿副职领导不当领导；无论什么时候，他们都不应是我们忽视的对象。在我们极力与顶头上司搞好关系的同时，也要与“二把手”保持合适的距离，就算不奢望他们为我们的职场晋级之路添砖加瓦，最起码也要保证他们不至于在正职领导面前说我们的不是。

你若不积极，谁替你主动

你要追求工作，别让工作追求你。

有位著名的军事学家说过：“进攻是最好的防卫。”有位球王也说过：“我从不相信被动会有所收获。”世界首富比尔·盖茨更是明确地说：“一个优秀的员工，应该是一个积极主动去做事、积极主动去提高自身技能的人。”公司需要主动进取的员工，这是老板们共同的心声。

“成功学之父”拿破仑·希尔曾经聘用一位年轻的小姐当助手，替他拆阅、分类及回复大部分私人信件。她的主要工作就是听拿破仑·希尔口述，记录信的内容。

有一天，拿破仑·希尔口述了下面这句格言：“记住，你唯一的限制就是你自己脑海中所设立的那个限制。”从那天起，她就把这句格言深深地刻在了自己的心里，并付诸行动。

她开始提早来到办公室，而且在用完晚餐后又回到办公室，从事不是她分内也没有报酬的工作。她开始研究拿破仑·希尔的写作风格，不等口述，直接把写好的回信送到办公室。由于她的用心，这些信回复得跟拿破仑·希尔自己所想的完全一样，甚至更好。

她一直保持着这个习惯，直到拿破仑·希尔的私人秘书辞职为止。当拿破仑·希尔开始找人来补这位男秘书的空缺时，他很自然地想到了这位小姐。实际上，在拿破仑·希尔正式给她这个职位之前，她已经主动地接受了这个职位。

任何一个员工，如果想要自己变得更优秀，就不能被动地等待别人告诉你应该做什么，而是要主动了解自己应该做什么、还能做什么、怎样做到更好。对于一个在工作中能主动发现问题、解决问题，不依赖公司的培训主动学习与工作相关的知识来提高自身技能的员工，老板是没有理由不加薪，没有理由不重用的。

拿破仑·希尔的助手的做事方式告诉我们，无论做什么事情，都不要懒得动脑筋，主动一点会让你受益匪浅。

在著名职场培训师吴甘霖老师的培训文库中，我也读到了一个类似的故事:

在我的公司有一个员工，刚进公司的时候并不是特别显眼，因为相对其他员工来说，她并没有太多专业上的优势。

有一次，我需要找一些讲课的材料，因为太忙没时间，就把这个任务交给了她。结果，她一下子给我找了好几万字的材料，但我根本没时间一一消化，怎么办?

这时，她试探性地对我说：“我将自己觉得不错的例子讲给你听，行吗？”这倒是一个节省时间的好办法。我点头同意了。

就这样，她一边讲，我一边听。这时，我突然发现她有一个特长：故事讲得很生动。

于是第二天，我就带着她去讲课了，还大胆地让她给学员讲故事。当时，她和我一样以老师的身份出现在讲台上，尽管台下坐的都是老总，但她表现得非常自信、大方。故事讲得很精彩，台下的那些老总都听得很入神。

从那以后，每次需要材料的时候，我都会找她。她也由一名普通员工晋升为我的私人助理。

古希腊哲学家苏格拉底说：“要使世界动，一定要自己先动。”中国人也说：“早起的鸟儿有虫吃，会哭的孩子有奶喝。”确实，在人才辈出、竞争日趋激烈的情况下，被动就会挨打，而主动就可以占据优势地位。

在公司做事，要永远记住比老板要求的多做一点，比标准再完美一点；不要等工作、等任务，要主动去发现，主动去做。当你富有创造力地完成老板交代的每一项工作时，你会发现，加薪不再是奢望，升职也不再遥远，而工作带给你的回报也远远不止这些。

你可以不聪明，但绝对不可以不小心

> 职场既有友情，也有敌意，凡事小心点，总没有错。

聪明并不是一个人在职场上安身立命的必要条件。当然了，这并不是说一个人越笨越好，而是说如果你不具备超越大部分人的聪明，你照样可以在职场上顺风顺水——只要你在任何时候、任何位置、任何情形下都足够小心。

《潜伏》这部电视连续剧，相信大家都不陌生。其主人公余则成（孙红雷饰）给我们留下的最深刻的印象是什么？是聪明吗？不对，是他够小心。小心才是一个成熟的职场人最大的智慧。

不管从事什么行业，对于每个人而言，安全总是第一重要的。做投资的人经常说，保住本金是最重要的，赚钱是次要的。而在职场上，保护好自己同样应该排在第一位，其次才是升职、加薪。

职场，说白了就是社会的一个微缩版，好比自然界中的一条生物链，你说的每一句话、做的每一件事都有可能引发连锁反应。办公室虽是弹丸之地，但流言蜚语却此起彼伏，而其杀伤力之强简直匪夷所思。如何在办公室里保护好自己，实在是当务之急。

那么，我们到底应该如何做，才能保护好自己，让自己安全呢？《潜伏》里的余则成给了我们最好的答案，那就是小心、小心再小心。

下面我们就介绍几种职场人不得不学的自保招数：

1.先从说话开始吧，小心祸从口出哦

身在职场，我们每天和同事之间难免会有沟通和交流，所以，总有机会听到关于同事甚至是领导的一些小秘密，或者是别人当八卦说的，或者是你不经意听到的。

但不管是如何获得的，只要听到了不该听的事情，你一定要假装没听到，更别去参与评论，给予散播。八卦可以多听，但不能多讲，最好只进不出。“与其做个说话者，不如成为好的聆听者”永远是职场人际关系的真理。

职场上“祸从口出”是真理，口水是名副其实的“祸水”，所以闲谈莫论他人是非。你的任何言论举动，都可能引发一系列的后果，让自己陷入言多必失的危险境地。

在职场上，说话绝对是一种艺术。说什么，怎么说，什么话能说，什么话不能说，都应讲究。有些话，应当说便说；有些话，不该说就不要说。既不要做一头默默无闻的老黄牛，也别当叽叽喳喳的虎皮鹦鹉。

职场上的每一分钟，你都要想清楚，自己该说什么，不该说什么。要知道张大耳朵、封紧嘴巴。“有耳无嘴”不只是大人教训小孩子的话，也是办公室丛林的生存秘诀之一。

2.该你做的事情去做，不该你做的千万别做

越勤快越好并不是亘古不变的真理。新人很容易犯的错误，就是老抢着干活，只要时间允许，只要力所能及，全都一肩挑起，自认为是在帮别人的忙呢。

其实不然。仔细想想就不难明白，办公室里的活也就那么几件，如果你把事情都做完了，那别人还做什么？在上司看来，岂不成了就你一个人最重要，而别人都是多余的？

我敢保证，用不了多长时间，你就会成为所有人的公敌。而你做的事越多，出错的概率也就越大，只消一个错漏被人抓住，就足够对手打击你的了。

所以，要尽自己所能，把分内的事做到完美，至于抢着干别人的工作这样的事情，还是要像电视剧里插播的广告那样，越少越好，并且只在关键时刻出手就可以了。

3.向同事诉苦？省省吧

尽管一些“推心置腹”的诉苦能多少构筑出一种暂时的“办公室友谊”，但职场内充满了利益冲突，彼此的位置和关系随时可能改变，今天是要好同事，也许明天就成了敌人。这样一来，过去的秘密岂不成了对方手上的把柄，正可谓“害人之心不可有，防人之心不可无”。

我并非要各位将所有同事都视为假想敌，而是提醒各位，平时一定要注意与同事之间应对进退的礼貌和距离。无论什么职位的同事一律以礼相待，才是万无一失的做法。

再者，喋喋不休的抱怨绝对是严重的“情绪污染源”，这就好比是狐臭，人人唯恐避之不及，没有人会心甘情愿地当你的情绪垃圾桶。在你诉说牢骚的时候，没准就有人开始盘算如何打你的小报告了。

4.巧妙“外交”，编织自己的人际关系网

同事是与自己一起工作的人，与同事相处得如何，直接关系到事业的进步与发展。有的人为了更快地升职晋级而一心钻研业务，忽略人际关系的建设，致使自己在公司中处于孤立无援的地位。这是很危险的。

俗话说：“人缘是个宝。”若想在事业上获得成功，在工作中得心应手，你一定要经常与同事沟通感情，搞好人际关系。这样，在你遇到“事儿”时，才会有人站出来为你说话、为你分忧，你就不会感到焦虑和孤单了。

一般来说，在职场上，对待同事的方式有两种：一种是天生领袖型的——对所有同事一视同仁，并没有亲疏之别；绝大部分人则是第二种，那就是有特别好的朋友，不管是上班工作，还是下班逛街，都腻在一起。

对于第一种交往方式而言，你不需要太过小心，只要做到心中有数，把握好尺度就可以了。而如果是第二种方式，那你就要小心对待了：当你开始和某些同事“距离很近”时，就表示你放弃了其他更多同事。因为在讲究“亲疏有别”的东方社会，当几个人自成“圈圈”后，其他人都会自动疏远。所以有时候，一个要好的同事反而会使你失去更多友谊。

职场既有友情，也有敌意，凡事小心点，总没有错。

当上司认为他比你痴时

你认为上司比你痴并不可怕，怕的是上司认为他比你痴！

一位刚刚做了母亲的女强人对朋友感慨道：“知道我为什么会心甘情愿地为这个小东西鞍前马后地忙活吗？血缘关系是其中的一点，但更重要的是他显示出来的那份无助，似乎没有你就活不下去。可以说，这就是他得到细微照顾的秘密武器。”

有时候，这种秘密武器对于职场中人同样有用。

秦薇的拿手绝活就是面对客户的劝酒，向善于喝酒的老板投去求助的眼光，并在众人面前大呼：“老板，帮帮我啊！”这个时候，老板微微一笑，很绅士地挡开所有的杯子，用英雄救美般的神情一口干了。接着，秦薇又会顺势感谢老板一番，引得众人齐声羡慕：“有这样的老板真好！”老板顿时觉得自己特有面子。秦薇也因此而得到了老板的关注。

在工作上，秦薇同样会运用弱势哲学。比如最近她接了一个为某顾客生产的新产品提供广告创意的活，对方特别挑剔，几次交谈下来，双方还是没有达成共识。秦薇再次想到了向老板求助。在MSN上，秦薇向老板发送了这样一条信息：

“老板，请帮帮我吧！为什么我的创意越来越少，越来越没有新意了呢？您能点拨一下我吗？”信息的最后，还附加了一个正在流汗的小人。

这条求援信息充分满足了老板“被需要”的心理需求，老板思索片刻，打下了这么一行字：“你能发现自己的不足，虚心请教，我十分高兴。作为一个过来人，我认为，创意是需要灵感和放松的。你要把自己的精神放松下来，展开充分的想象。”

经过一次次的示弱求助，秦薇真正尝到了甜头。因为她不仅得到了老板在工作上给予的指导，顺利渡过了难关，而且还给老板留下了虚心好学的深刻印象。

讲求团队精神不光指同级之间，老板也是团队中的一分子。切忌让自己成为我行我素、闷头苦干的蘑菇型人才，让老板适时介入提供帮助，再与你共享荣誉是再好不过的办法。

所以，在日常工作中，当自己遇到困难或信心不足的时候，你不妨敞开心扉把困惑和疑虑毫无保留地告诉老板。如此一来，你不仅能让老板看到自己的真诚，还能得到老板的指点和鼓励。或许，对老板来说，他最大的满足感除了来自带领团队完成工作目标之外，就是能够帮助那些需要帮助的队员。

说到这里，我想起了最近在网上引发网友热议的时尚新名词——“司马Ta一族”。刚开始还真有点摸不着头脑，通过“百度一下”，我恍然大悟：“司马Ta一族”源于联想和搜狐共同制作的一部网络轻喜剧《司马TA呀》，是英文单词“smart”（聪明的，敏捷的）的谐音。“司马Ta一族”强调在工作中注意技巧，让活儿变得更有价值。可以说，“司马Ta一族”将白领work smart（聪明地工作）的特征发挥到了极致。

上文中的秦薇就是一个不折不扣的“司马Ta一族”一员。“司马Ta一族”正是职场中最受欢迎、上下喜爱的聪明族群。因为无论是同事还是老板，都乐意与有趣的人进行交流。除了埋头苦干外，有时候稍微机灵点会更受欢迎。

在金融危机下，职场智慧这一话题正受到越来越多的人的关注，你要是不sweet（甜的）一点、smart一点就根本混不下去。

方凯是某知名跨国公司中国分公司的产品部经理。在他刚上任的时候，该公司中国区CEO和亚太区产品总监之间的意见分歧很大。经过一段时间的分析研究，方凯摸透了两人的脾气禀性，于是，他向自己的顶头上司——中国区CEO拍着胸脯保证道：“老板，请放心，我一定帮您搞定这件事情。”

皇天不负有心人，不到三个月的时间，中国区CEO和亚太区产品总监之间存在的分歧居然真的慢慢被方凯摆平了，亚太区产品总监对中国区CEO吹毛求疵的E-mail竟然越来越少了。

按理讲，这应该是好事，大家互不找碴、各司其职，效率不是更高吗？但实际情况却是，一波已平，一波又起。中国区CEO和方凯之间又产生了新的矛盾。

在方凯刚刚进入公司时，中国区CEO对产品部的工作额外关注，表示愿意全力协助方凯开展工作。现在好了，当方凯遇到问题向CEO请求援助时，CEO一改往日的热情面孔，冷冰冰地丢下一句：“你那么能干，这点事儿哪难得住你呀？”然后对方凯遭遇的困境不闻不问。

拥有太多的聪明，是上天的恩宠，当然要感谢；但也是上天的陷阱，让你光芒四射、四处树敌。最好的搭配是“一点聪明一点痴”，有足够的聪明应付各种事情，但有时也要替自己留一点“痴”，刻意向老板示弱，给足老板面子。

有句话说得好：“你认为上司比你痴并不可怕，怕的是上司认为他比你痴！”不要以为在老板面前总是表现得神勇、坚强是聪明之举，其实，适度表现自己的弱势更是明智之举。

“拍马屁”和“马屁味道”

> 我们不能“拍马屁”，不能一味地讨好别人而不顾客观事实，但我们可以创造很浓厚的“马屁味道”。

从古到今，我们一直对“拍马屁”的人嗤之以鼻，甚至是深恶痛绝，认为这是小人之举、伪君子所为，“马屁精”永远是跳梁小丑，等等。但美国著名心理学家威廉·詹姆斯却说：“人类本性上最深的企图之一是期望被赞美、钦佩和尊重。”职场专家也说：“‘马屁’是语言中的钻石，我们要学会赞美别人。”

于是，中华企管网集团首席顾问曾仕强教授得出结论——我们不能“拍马屁”，不能一味地讨好别人而不顾客观事实，但我们可以创造很浓厚的“马屁味道”。

何谓“马屁味道”？简单来说，就是把马屁拍得婉转、拍得间接、拍得让人听起来悦耳但又不会反感。说到底，创造点“马屁味道”还是一种“拍马屁”行为，只不过不让别人看出明显的“拍马屁”痕迹而已。

如果你对“马屁味道”还是感到有点概念模糊的话，看看下面这个例子吧。

四个人去学习佛法，佛法大师想问问他们为什么要来。于是，大师问第一个人：“你为什么要来学习佛法？”第一个人回答：“我父亲叫我来的。”大师当头一棒打下去，说：“这么重大的事情为什么不自己决定？你父亲叫你来，你就真的来了？将来后悔怎么办？”

大师问第二个人：“你为什么要来学习佛法？”第二个人一看前面那个人挨了打，就连忙说：“是我自己要来的。”结果大师又是当头一棒打下去：“这么重大的事情不和你父亲商量就来了，一点都不尊重你父亲，你父亲问我要儿子怎么办？”

大师问第三个人为什么要学习佛法，第三个人吓得一句话都不敢讲，因为怕挨打。可是大师打得更凶：“这么重大的事情你想都不想就来，你没有脑子吗？不动脑筋怎么能学好佛法？”

大师问第四个人，第四个人看到这种形势，不管怎么说都是挨打，但又不能不说，不说会被打得更厉害，于是计上心头，说：“我是受到佛法大师的感召而来。”结果，大师没有打他。

第四个人的回答就带有很浓厚的“马屁味道”。说得再直白点，创造“马屁味道”就是我们常说的讨好行为。

不管在中国还是在国外，“马屁味道”都是不可缺少的人际关系润滑剂。在职场，“马屁味道”更是不可缺少。不要想当然地以为老板每天保持严肃的面孔就不希望受到他人赞美，恰恰相反，他们对于赞美的敏感程度更胜于普通员工。所以我们说，善于赞美老板的员工是聪明的员工。

对于曾国藩的幕僚和下人来说，曾国藩就是他们的“老板”——如果你表现突出，他就委以重任，让你升官发财；如果你是无能之辈，那只能碌碌无为，甚至被“逐出门庭”。那我们就来看看，那时候的“下属”是如何实施讨好行为，巧妙地恭维自己的“老板”的。

一次，曾国藩与几位幕僚闲谈，评论当时的英雄。他说：“彭玉麟、李鸿章都是大才，为我所不及。我可自许者，只是生平不好谀耳。”

一位幕僚说：“各有所长：彭公威猛，人不敢欺；李公精敏，人不能欺。”说到这里，他说不下去了。

曾国藩便问：“你们以为我怎样？”

众人都低头沉思。忽然，一个管抄写的后生过来插话道：“曾帅是仁德，人不忍欺。”众人听了齐拍手。

曾国藩十分得意地说：“不敢当，不敢当。”后生告退而去。

曾国藩问：“此是何人？”

幕僚告诉他：“此人是扬州人，上过学，家贫，办事谨慎。”

曾国藩听完后说：“此人有大才，不可埋没。”

不久，曾国藩升任两江总督，就派这位后生去扬州任盐运使。

曾国藩听到那个后生的回答之后，很高兴，并且进行了提拔，因为什么？就是因为那个后生话语中的“马屁味道”很足。曾国藩一向以“仁德”自居，后生以这点来赞美他，正是投其所好，官运自然亨通。

这就告诉我们，赞美老板是一门艺术，你不一定要说得多好听，也无须说得天花乱坠，只要能说到老板的心坎里就可以了。

其实，你还可以通过创造一种情境，把对方推到一个非常有利的位置上，然后表达出自己对对方的赞扬、敬佩，甚至是崇拜。清朝宰相刘罗锅对其“老板”——乾隆皇帝的某些做法绝对是这方面的典范。

有一天，刘罗锅又说老实话惹怒了乾隆皇帝，赶忙赔罪道：“臣该死……”谁知，乾隆皇帝来了个顺水推舟：“好，那你去死吧。”

乾隆皇帝只是开了个玩笑，想看看刘罗锅到底能玩出什么花样。刘罗锅也深知这一点，那怎样才能既不违背命令，又不至于真的去送死呢？刘罗锅是一个充满智慧的人，很快就想出了办法。

只见刘罗锅跑出大殿，用水把自己全身浇湿之后，又跑了回来。

乾隆：“我叫你去死，你居然敢不去死，该当何罪？”

刘罗锅：“我去死了。”

乾隆：“你骗我，你去死怎么又回来了？”

刘罗锅：“我去死了，被一个人骂回来了。”

乾隆：“被谁骂回来了？”

刘罗锅：“屈原。”

乾隆：“屈原怎么骂？”

刘罗锅：“屈原碰到我说：‘我碰到坏帝王才自杀的，你刘罗锅碰到这么好的帝王，好意思自杀？赶快回去。’我一想，对啊，有这么好的帝王为什么要去死，于是我又回来了。”

乾隆：“回来就好，回来就好。”

刘罗锅绝不像“大贪官”和珅那样极尽“拍马屁”之能事，但是他很会制造“马屁味道”，懂得创造一种对双方都有利的沟通条件，利用机会讨好皇帝。

美国著名作家马克·吐温说："只凭一句赞美的话，我就可以快乐两个月。"管理学大师彼得·德鲁克在给经理人的建议中也提到了"由衷地赞美老板"。不过，德鲁克强调，"由衷"二字很重要，否则，稍微有点儿头脑的老板都会觉得肉麻。而会制造"马屁味道"的人，既不像"拍马屁"之人那般令同事讨厌、令上司厌倦，又能满足上司被赞美的隐性需求，一举两得。

“折腾”你正是器重你的信号

你的老板不断“折腾”你，也许正是器重你的信号。他正在考验你的忠诚度，以便重用。

忠诚并不是“从一而终”，而是一种职业的责任感；不是对某个公司或者某个人忠诚，而是对职业忠诚。忠诚是指承担某一责任或者从事某一职业所表现出来的敬业精神。

一位成功学家说：“如果你是忠诚的，你就会成功。”一个对职业忠诚的人，实际上不是纯粹忠于一个企业，而是忠于人类的幸福。

健全的品格使你不会为自己的声誉担忧。正如托马斯·杰斐逊所说：“成功之人就是敢作敢当的人。”如果你由衷相信自己的品格，确定自己是个诚实可信、和善、谨慎的人，内心就会产生非凡的勇气，而无惧他人对你的看法。

忠诚是一种特质，它能带来自我满足、自我尊重，是一天二十四小时伴随着我们的精神力量。人既可以充分控制和掌握无形的自我，引导自己获得荣誉、名声及财富，也可以将自己放逐到失败的悲惨境地。

忠诚和努力是融为一体的。忠诚是生命的润滑剂。忠诚的人没有苦恼，也不会因情绪的波动而困惑。它坚守着生命的航船，即使船就要沉没，也会像英雄一样，在歌声中随着桅杆顶上的旗帜一起沉没。

忠诚是人类最重要的美德之一。那些忠实于自己的老板，与同事们同舟共济、共赴艰难的人，将获得一种集体的力量。他们的人生会变得更加饱满，获得更多成就感，工作也会成为一种享受。

相反，那些表里不一、言而无信之人，整天陷于尔虞我诈的复杂人际关系中。他们在上下级之间、同事之间玩弄各种权术和阴谋，即使一时得以提升，取得一点成就，但得到的终究不是理想的人生和令人愉悦的事业，最终受到损害的还是他们自己。

普通员工需要有责任心；中层员工不但要有责任心，还要有上进心；而对于高层人士来说，最重要的是对公司价值观的认同，要有和公司一同发展的事业心。因此，越往高处走，对忠诚度的需求就越高；相应地，你的忠诚度越高，就越有可能获得提升。

忠诚不是空口说的，需要经受考验。你忠于公司吗？忠于老板吗？如何证明你是忠诚的呢？所谓患难见真情，忠诚也是如此。企业面临危机之际，正是检验员工忠诚度之时。但是，一个企业毕竟不可能总处于危机中，在平稳发展时期又如何考验员工的忠诚度呢？于是，老板们就会想出一些办法来制造危机，来“折腾”员工。

查理到某大公司应聘部门经理，老板提出，要有一个考察期。但查理没想到上班第一天就被公司安排到基层商店去站柜台，做销售代表的工作。一开始查理无法接受，但还是耐着性子坚持了三个月。后来，他认识到，自己对这个行业不熟悉，对这个公司也不十分了解，的确需要从基层工作学起，这样才可能全面了解公司、熟悉业务，何况自己拿的还是部门经理的工资呢。

虽然实际情况与自己最初的预期有很大的差距，但查理懂得这是老板对自己的考验。他坚持了下来，并在三个月之后承担起了部门的全部职责。查理充分利用三个月最基层的工作经验，带领团队取得了良好的业绩。

半年后，公司经理调走了，查理得以提升；一年以后，公司总裁另有任命，他被提升为总裁。在谈起往事时，查理颇有感触地说：“当时忍辱负重地工作，心中有很多怨言。但是我知道老板是在考验我的忠诚度，坚持了下来，并最终赢得了老板的信任。”

在一切商业经营活动中，老板承担的风险是最大的。因此，许多老板常常反复“折腾”员工以考察他们的忠诚度，为公司危机做好充分准备。“天将降大任于斯人也，必先苦其心志，劳其筋骨……”你的老板不断“折腾”你，也许正是器重你的信号。他正在考验你的忠诚度，以便重用。

无论是发自内心地配合，还是无奈接受老板的“折腾”，忠诚都是一种情感和行为的付出。开始付出后，你将很快得到收获。但你不能期望先获得丰厚的报酬，然后再决定是否给予回报。正如牧师法兰克·格兰先生曾经说过的：“如果你忠实于他人，有可能会受到欺骗；但是如果你忠诚不足，就会活得十分痛苦。”

人世复杂，瞬息万变，思想深植于心灵，每个人对于人生的理解千差万别。人们常常会认为，坦诚之人穷困潦倒，虚伪之人却功成名就。这实际上是一种错误的见解，他们往往只看到了事物的表象。不诚实的人可能具有他人所没有的美德，诚实的人也可能具有别人所没有的陋习。诚实的人因为美德而获得了丰厚的回报，但同时他也必须接受自身陋习给他带来的惩罚；不诚实的人同样也有自己的痛苦与快乐。

人们往往因为虚荣心，就自以为是地认为自己是因美德而遭受苦难。一个人只有摈弃思想的杂念、荡涤心灵的污点，才会真正认识到他所遭受的苦难实际上是上苍对其美德的考验。

请记住：你为他人加倍付出一分，对方就因此需对你多承担一份义务；你真诚地对待你的老板，他也会真诚地对待你。

有些人可能会频繁跳槽，但身在其位一定要谋其事，表现出对所从事职业的高度责任感。

对于企业来说，忠诚能带来效益、增强凝聚力、提升竞争力、降低管理成本；对于员工来说，忠诚能带来安全感。因为忠诚，我们不必时刻绷紧神经；因为忠诚，我们对未来更有信心。

你都不敢“背锅”，凭什么提拔你

在关键时刻挺身而出，不露声色地帮老板解围。

网上曾流行过这样一个笑话，大家应该不陌生：

某银行的几位高级管理人员同乘一部电梯，行长一时失控，放了一个屁，分贝绝对不低，足以令所有人听到。只见行长面不改色，转过头对站在自己左手边的科长说：“糗大了吧，大庭广众之下怎么就放屁了呢！”

“不，我没有。”科长一脸委屈地辩解道。行长脸色大变，没接任何话。

几天之后，一向表现良好的科长突然被免职了。有好事人不解，遂问行长：“科长犯了什么错误，惹您老这么不高兴？”

行长得意地应道：“他连屁大的事都担当不了，我要他有何用！”

虽是笑话，却一语道破了职场天机。

再能干的老板，也有疏忽做错的时候。在这种情况下，身为下属的你该怎么办呢？是直接指出错误，让老板在自己的下属面前颜面尽失？还是在关键时刻挺身而出，不露声色地帮其解围？

这种状况要灵活应对、巧妙处理。一方面要看错误的大小，另一方面还要看老板的为人处世风格。

如果老板犯的不是什么原则性的、违反法律的大错，而是一些事务性的鸡毛蒜皮的小差错，那你大可伸出援助之手，给他搭一个台阶。如果老板犯的是非常严重的错误，根本不是你所能承担得了的，那你就不能把这个大“黑锅”全扣在自己头上了。那样不但帮不了你的老板，你也有可能被“黑锅”压趴下。

除了根据错误大小来决定是否替老板背“黑锅”之外，你还要结合老板的人品和性格做出最后的判断。如果你的老板属于“知恩图报”型的人，那这“黑锅”就值得背；如果你的老板属于“翻脸不认人”型的人，那你最好别去蹚这浑水，搞不好自己会成为救人反被人害的“东郭先生”。

不管怎么样，你都要有一种与老板同甘共苦的精神，让老板感知到你那份代他受过的诚心。

吕娜毕业后，任职于一家广告公司，现为创意总监姜琳的行政助理。有一天，总经理让姜琳拟订一份关于某产品的创意草稿。姜琳把任务下达给一位文案策划员之后，吩咐吕娜及时把草稿收上来。

在这天下班之前，吕娜把文案策划员做好的创意方案打印出一份，送到了姜琳的办公室。当时，姜琳正在打电话，她示意吕娜把文稿放到办公桌上就可以了。把方案放在姜琳所指的地方（当时那儿已经有几份打印好的稿件）后，吕娜就出去了。

第二天，总经理到姜琳办公室看创意方案，想和她商量下一步的行动。姜琳用眼在桌子上扫了一遍，并没有看到方案，这才想起自己把方案草稿与其他稿件放在一起了。当着总经理的面，姜琳不好意思手忙脚乱地翻找，于是对吕娜说：“你把创意方案拿进来吧。”

吕娜心想，不是已经给你了吗？但看到姜琳着急心虚的样子，又看到总经理在场，吕娜并没有把这一想法说出来，而是选择了替上司背下这个“黑锅”，满含歉意地对总经理说：“对不起，请您稍等，我马上去拿。”她快步来到自己的电脑前，把那份方案重新打印了一份，拿给了总经理。“下次注意点，提前把文件交上来。”总经理以一种不悦的语气嘱咐道。

总经理走后，姜琳在那堆文件中找到了吕娜昨天交上来的创意方案。走出办公室，姜琳对正在忙碌的吕娜微微一笑，吕娜会意地以一笑回之。

那次之后，姜琳格外关照这个曾经代自己受过的行政助理，不但工作内容交代得详细具体，也很少对她发脾气，有事也与她商量。

为上司承担一些不太大的责任，可以迅速缩小你们之间的距离，得到他的额外重视。其实，这样的机会并不多，但一旦出现，你就要紧紧抓住。如果抓住了，那你的职业发展将比预计的要快得多；但如果错失了，你就会像漏了油的汽车一样停滞不前，甚至就此下滑下去。

公司新招了一批职员，为了表示欢迎，经理召开了一个新员工见面会，让新老员工互相认识。既然是新员工见面会，那就免不了要对照名单点一下名，让新员工逐一站起来亮相。

“李烨（音yè，但老板念成了huá）。”经理洪亮的嗓音在会场上空回旋，一连点了两次名，都没人应答。

这个时候，有一个员工站起来，怯生生地说："经理，您是在点我的名吗？我叫李烨，不叫李华。"

人群中发出一阵低低的交头接耳的议论声，经理一时不知如何是好。

"报告经理，我是行政部打字员吕品，是我一时疏忽，把字打错了。"一个十分精干的小伙子站起来说道。

"怎么可以这么不小心呢，把同事名字打错，下次一定要注意。"经理松了一口气，继续念了下去。

没过多久，打字员吕品被提升为公关部经理助理，而那个叫"李烨"的倒霉蛋则以"工作呆板不灵活"为由被公司辞退了。

从"打字员"到"公关部经理助理"，两个本来风马牛不相及的职位，却因为一次"挺身而出"产生了直接联系。可见，在关键时刻替老板解围的威力不可小觑。但这当中涉及一个"度"的问题，什么时候该出手，什么时候该旁观，你一定要把握好。

杜拉拉：要和上司保持一致

> 上司不会适应你，只有你去适应上司。

在办公室，最能左右你的生存状态的人就是顶头上司了。你跟上司的关系可能会影响到你的情绪、表现，甚至前途等。所以，和上司保持良好关系，得到他的赏识和肯定，对每个人来说都是至关重要的。

那么，怎样才能与上司保持良好关系，当上职场红人呢？我们不妨向职场小说《杜拉拉升职记》中的主人公杜拉拉学习学习。

杜拉拉，南方女子，姿色中上。她没有背景，受过良好教育，现为著名美资500强企业DB设在广州的办事处的行政主管。在工作中，杜拉拉为了讨得自己的顶头上司——DB中国总部行政经理、上海美女玫瑰的欢心，特将广州办惯用的行政报告格式，换成了上海办的格式。

杜拉拉的下属——广州美女海伦对此十分不满。海伦用惯了原来的格式，花了不少时间去适应新格式，密密麻麻的表格搞得本来就不擅长数据的她晕头涨脑。海伦想，好端端的，为什么要改？心里不由得鄙夷杜拉拉“擦鞋”（广东方言，意指拍马屁）。

杜拉拉把海伦叫过来，问她：“如果你是玫瑰，你愿意几个办事处每个月的报告各有各的格式，还是希望大家用统一的格式？”

海伦不假思索地说：“那当然是统一的格式方便了。”

杜拉拉说：“既然得统一，那你是喜欢用自己熟悉的格式呢，还是更愿意用你不熟悉的格式？”

海伦说：“肯定选自己用熟的格式了。”

杜拉拉说：“那不结了，玫瑰也喜欢用自己熟悉的格式嘛。”

杜拉拉的这一举措让玫瑰获得了前所未有的被追随的满足感，玫瑰对杜拉拉的好感骤增。

“与上司建立一致性”，这是杜拉拉总结出的第一条“江湖规则”。那么，何谓“建立一致性”？杜拉拉的解释是：作为下属，你应该通过实际经历或平时的留心观察了解上司的工作习惯、行事风格，然后调整自己的某些做事方式主动迎合对方的需要，使其觉得你的领悟力符合他的预期。

如果上司是一个雷厉风行、麻利干练的人，那么你在做事时也要保持快捷的工作作风，使上司认为你的工作能力符合他的要求；如果上司对每件事都尽可能地事必躬亲、思维保守且喜欢搞平衡，那么你一定不要太有主见，特立独行、努力彰显个人能力的行为注定是不明智的。

此外，你还要非常清楚地知道上司对哪些事情比较在意，对什么工作特别看重；上司要求紧急处理的事情一定要排在日程表的优先位置，上司否决掉的决议即便你再喜欢也要就此打住。总之，你得和他劲往一处使。

尤其是进入一个新公司时，你必须记住：你不可能改变你的公司和老板，除非再次调换工作。那么，你必须学会与老板和谐共处，像了解你的客户一样去了解他：他喜欢什么样的书写格式，他愿意看什么样的文字，他最乐意谈论的话题是什么……

在内地首席励志作家陆琪所著的《潜伏在办公室》（第二季）这本畅销职场小说中，有这样一段话，我觉得特别好，特摘录下来与大家共勉：

在职场中，你的权力有多大，就有多重要。一个毫无权力的人只是大海中的鱼。只有鱼去适应海洋，而没有海洋适应鱼的。

你想要生存，就只有适应上司。想要反着来，除非你能爬到上司头上去。

不会管理上司，你还怎么拼职场？

> 大多数人以为，管理下属是上司的事。今天告诉你，管理上司也有你的份！

作为下属，所有你认为正确的和对部门有利的想法，你都应该以合适的方式让上级知道。要把你的思想传递给你的上级，使你的上级领会、同意并支持你的思想和行为。

会管理上司的下属，会充分了解上司的脾气秉性。上司虽然是领导，但他首先是一个人。作为一个人，他有他的性格、爱好，也有他的语言习惯等。有些上司性格爽快、干脆，有些则沉默寡言、事事多加思考。你必须首先了解清楚，然后适当地迎合领导的性格特点。

总体上说，上司可以分为“读者”型和“听者”型两大类。

对喜欢当“读者”的上司，你谈得再多也只是浪费时间。他只有在读过相关材料之后，才能听取你所提出的问题。对喜欢当“听者”的上司，如果你向他提交一份长篇报告的话，那只能是浪费时间，因为他只有在听取口头汇报时才能抓住要点。

汇报工作时，上司希望下属简明扼要，还是事无巨细？他希望下属提交一份详尽的书面报告，还是做口头陈述？甚至有时还应考虑，在什么时间向上司汇报更合适。

美国总统布什比较中意赖斯，因为赖斯知道布什不喜欢长篇大论，所有的报告只要一页；赖斯会根据布什的这一偏好把资源进行整合，然后抓住重点，向布什叙述。

如果你是一位善于观察的下属，你还得花时间去了解上司的目标、压力和工作方式。比如，上司的个人目标是什么？工作目标是什么？他面临着哪些压力，尤其是来自他的上司和同级经理的哪些压力？他的工作方式是什么样的？他希望别人的工作方式又是什么样的？

上司也有他的优点和弱点。哪些事情他处埋起来得心应手、游刃有余？哪些方面他希望得到下属的支持和协助？清楚了这些，你才能做到心中有数，让上司扬其所长、避其所短。比如，你的上司精通市场业务，而对财会工作却有些不甚了解，那么你可以事先为上司做好细致的财会分析，以帮助他做出正确的决策。

在影响上司的过程中，还应该讲究方法。说话、做事要注意分寸，既要帮助上司解决困扰，也要注意不要使上司对你产生危机感，不要随便揭露上司的秘密，更不要混淆上下级之间的界限。

第二次世界大战期间，斯大林在军事上最倚重的人有两个：一个是军事天才朱可夫，另一个是苏军大本营的总参谋长华西列夫斯基。

斯大林唯我独尊的个性使他不允许有人比他高明，更难以接受下属的不同意见。在二战期间，斯大林的这种过分的唯我独尊感曾使苏联红军大吃苦头，遭到了不可估量的损失和重创。一度提出正确建议的朱可夫，被斯大林一怒之下赶出了大本营。但有一人例外，他就是华西列夫斯基。他往往能使斯大林在不知不觉中采纳正确的作战计划，从而发挥巨大的作用。

华西列夫斯基的进言妙招之一，就是在休息中潜移默化地施加影响。

在斯大林的办公室里，华西列夫斯基喜欢同斯大林海阔天空地“闲聊”，并且往往还会“不经意”地随便说说军事问题，既非郑重其事地大谈特谈，也没有讲得头头是道。由于受到启发，等华西列夫斯基走后，斯大林往往会想出一个好计划。过不了多久，斯大林就会在军事会议上宣布这一计划。

华西列夫斯基在和斯大林交谈时，有时会故意犯一些错误，给斯大林制造帮他纠正错误的机会。然后华西列夫斯基会把自己最有价值的想法含糊其辞地讲给斯大林听，由斯大林形成完整的战略计划公开宣布。当时斯大林的许多重要决策就是这样产生的。

华西列夫斯基就是靠随意交流，逐步启发、诱导着斯大林，使自己的种种想法得以实现，以至于连斯大林本人也认为这些好主意是自己想出来的。

就这样，华西列夫斯基成了斯大林不可或缺的得力助手，在二战期间发挥了巨大的甚至是无可替代的影响力，其手段不可谓不高明。

作为下属，你的某些好想法可能最后会变成上级的决定，并且多数以他的名义发出。这种情况已经相当不错，因为你的目的已经达到。千万不要到处宣扬这是你的主意，更不要因此而愤愤不平。

如果让上司觉得你总是在给予，他离不开你，那么你可以想象，自己和上司的关系是不可能融洽的。因为上司会觉得自己没有了尊严，没有了安全感。唯有会管理上司的下属才能改变这种局面，让上司真切地感觉到，下属的优秀是因为自己的存在。

和上级产生矛盾之后，你一定要想办法尽快弥补。如果是误会，要趁早解释清楚；如果是分歧，应尽可能达成一致。事实证明，如果硬顶，最终倒霉的多半是你而不是你的上级。

有没有处理好自己与上司关系的标准，就是看你是否和上司形成“鱼水情”。鱼因水而存活，水因鱼而显得有灵气。当你是“水”时，不要认为“鱼”离不开你，由此而居功自傲；当你是“鱼”时，不要觉得“水”需要自己才能显出灵气。达到这个境界之后，你就可以引导上司有效地完成自己想做的事情了。

除此之外，为了影响你的上司，你还要让上司真正地了解你。只有这样，他才能掌握哪些任务是你力所能及的，哪些是你的强项，哪些是你所不擅长的。毕竟你的上司也要对自己下属的工作负责。只有充分了解你，他才能放心地把任务交给你。在某些关键的时候，他才能有把握地说：“我知道他能做好这项工作。”

>>> Chapter 5

老板讨厌这样的员工
——Why？为什么不提拔你？

一个人智力有问题，是次品；一个人的灵魂有问题，就是危险品。

——牛根生，蒙牛乳业集团创始人

不请示报告，不是小事

要学会“推卸责任”，及时向上级请示。

有这样一则笑话：

老师拿着小明的英语作业本，十分恼火，但还是苦口婆心地说：“小明，你在拼写英语单词的时候，如果没有把握，就查一查词典，这样就不会出现满篇的错误了。”

小明很委屈地说：“老师，我每次拼写的时候，都是很有把握的。”

企业员工在遇到突发情况时如何应对，有人说明智的做法是“学会‘推卸责任’，及时向上级请示”。

相信大多数人看到这一结论都会不假思索地将其归为“谬论”，并强烈地反驳道：“一名称职的下属应该是敢于承担责任的人，遇事就往上推，让领导去扛，是没有主心骨与缺乏职业精神的表现。”

话说至此，我不得不强调一点，这里所说的“推卸责任”绝非传统定义——一种对承担责任的条件反射，而是指推卸那些自己担当不了的责任，或者说是授权范围之外的那部分责任。”

因为你稍有不当，就可能会给公司的效益和形象带来不可估量甚至不可挽回的损失。要切忌“打肿脸充胖子”，硬着头皮做自己没有把握的事，而等到把事情弄到无法收拾的时候才让你的上级知道就晚了。

汉斯是美国可口可乐公司的一名普通业务员。有一次，奉上级命令，汉斯负责监督运输人员把一车过期的面包运到偏远的地区销毁。车行半路，他们碰上了一群受灾的难民。饥饿之极的难民将整辆车团团包围了起来，抢着要拿车上的面包吃。就在这时，恰巧有记者路过此地，举着摄像头记录着将要发生的一切。

汉斯感到十分为难，如果让难民吃掉这些不会影响身体健康的救命面包，那么可口可乐公司把过期面包给人吃的爆炸性新闻第二天就会见诸报端；如果对这些难民不理不睬，强行将车开走，就会使可口可乐公司背上“冷血、没有社会公德心”的骂名。怎么办呢？看着车外拥挤的难民，对着记者晃眼的摄像镜头，汉斯不知所措。

但汉斯清楚地知道，自己作为公司一名普通的业务员是无权自行处置突发事件的。所以他既没有感情用事，立刻开车门发过期面包给难民吃，也没有意气用事，不顾难民的阻拦将车强行开走，而是在第一时间拨通了公司相关领导的联系电话，详细说明了自己目前的处境，请求领导下达明确指示。

我们不得不为汉斯的这一英明决定拍案叫绝。事实上，汉斯的这一做法是非常有必要的。

◎你觉得很突然的事，可能你的领导早有准备，犯不着要你临时抓瞎、“当机立断”。

◎从局部的角度上，你或许能够做出正确的决策；但从全局的角度来看，你的决策并不一定是最优选择。

◎由于你能调动的资源有限，在处理非常情况时，难免事倍功半，甚至无功而返，而上级却有可能轻而易举地解决问题。

……

有了如此之多的可能性作后盾，我们还有什么理由在非常时刻不选择“推卸责任”呢？因为“没有把握”，因为“胸无成竹”，所以我们需要向领导请示。

当然，确实属于自己责任范围内的情况不包括在此列，在这种情况下，你无可推诿，要果断地做出应对措施。当然，你还要勇敢地承担由自己的决定带来的一切结果，包括好的，也包括坏的。

我们再回过头来看看可口可乐公司的领导是如何处理这起意外事件的。相关领导在接到汉斯打来的求救电话之后，立即碰头研究对策。大概十分钟之后，汉斯接到了领导下达的确切指示，并给予了不折不扣的贯彻执行。

第一步，让难民们自发推荐五个人，加上汉斯、记者共七人，组成一个临时事件决策委员会，全权代表难民对此次事件做出决定。

这样一来，既保证了难民自主决策权利的顺利实现，又让记者成为事件当事人之一。一旦出现什么不测，难民和记者都有责任，媒体也不敢报道，难民也不会群起而攻之，最大限度地减少了该事件可能引发的一系列负面影响。

第二步，告知难民，公司会马上拉运最好的食品过来救济，让难民安心等待。

这一举动既可以解决难民的饿肚子问题，又可以让记者进行报道，宣传公司扶危济困的人道主义精神和良好的公德心，为公司做免费广告。这时要考虑投入产出比，但几车食品的成本和可口可乐公司每年巨额的广告费用相比，实在是划算。

在此，还需要特别强调一点，当我们向领导请求指示的时候，应注意两点：

一是汇报要及时，以免贻误先机，尽最大可能给领导决策提供充足的时间保证；二是汇报要全面、客观、准确，避免因自己的信息错误导致领导的决策失误。

千言万语汇成一句话，就是做工作小心一点，总比犯了错误再回过头来改正要好得多。况且，一旦你给他人留下一个敢做没把握事儿的第一印象，恐怕那些想要雇用你的人都会被吓退的。

张嘴就说“差不多”的人

> 不要把“好像”“有人会……”“大概”“晚些时候”“或者”“说不定”之类的词语放在嘴边，尤其是和上级谈论工作的时候。

从上小学开始，我们就被告知中国的国土面积约有960万平方公里。虽然人人耳熟能详，但很少有人注意960万的数字前有个“约”字。这一“约”可能“约”掉一个省的面积。这种不精确的国土面积数据，可谓中国特色。

在精确严谨这一点上，我们中国人确实需要向德国人好好学习一番。我曾在《南方周末》上看到一个中国人向德国人问路的故事，很受触动。

有一次，几个中国人搭伴到世界文化名城——法兰克福旅游。他们知道鼎鼎有名的歌德故居就在他们所站位置的周边，但就是不知道应该朝哪个方向走。于是，他们很有礼貌地向一位德国人问路：“请问歌德故居怎么走？大概需要多长时间能到？”谁知，那个德国人像没听见似的根本不予理睬。

“算了，求人不如求己，还是自己找找看吧。”几个中国人吐吐舌头、努努嘴，走开了。他们没想到的是，刚向前走了几步，那个德国人就追了上来，指了指自己的左边，说道：“往左边走大概1500米就是歌德故居了，估计需要15分钟。”

其中一个中国人很是纳闷：“为什么你刚才没有回答我们呢？”那个德国人郑重其事地说：“因为你们不单是问怎么走，还问需要走多久，我必须了解你们走路的速度，据此才能算出时间啊。”

德国人的严谨，由此可见一斑。但对于中国人来说，“好像”“大概”“说不定”之类的词语，我们每天可能会听到或说到十多次。用胡适先生的话说，我们中国人都是“差不多先生”。

为什么人们对这些词如此热衷呢？因为这样说话有两个好处：一是给自己留下了广阔的回旋余地；二是不会给别人造成很大的压迫感，好像什么事情一定要弄个水落石出似的。

但从老板的角度来说，他们最痛恨从下属那里听到的一句话就是：“我晚些时候会把这个文件发给所有人。”以下这些说辞同样会让老板们觉得厌恶至极：

“到时候有人会把那些东西都准备好。”

“大概是明天。”

“明天或者后天客户会过来拜访。”

“好像他说……”

反思一下，看看自己是不是正在犯类似的错误。如果回答是肯定的，那你迟早会失去老板对你的信任，因为：

◎他没有得到自己所提问题的确切答案。

◎他需要再次提醒你，因为他不知道你是否真正落实了工作。

◎在你已经答应的事情中，他不知道有多少是像这样没有得到落实的。

◎因为没有得到满意的答案，上司自己的计划不得不推迟，或不知道明确的结束时间。

除此之外，似是而非、模棱两可的应答还会暴露出你更多的弱点。诸如：

◎你是一个做事不严谨、没有魄力的人。

◎你之前没有想到这个工作，或者一直在拖延。

◎你没有责任心，认为这些并不重要。

◎你应付上级。

◎你不敢说真话。

◎你喜欢逞能，答应一些做不到的事情。

◎你不能独立完成工作。

当你的上司根据你的回答在以上选项中进行怀疑的时候，在他的潜意识中，你已经同时具备了以上所有弱点。所以，作为员工，你千万不要把“好像”“有人会……”“大概”“晚些时候”“或者”“说不定”之类的词语放在嘴边，尤其是和上级谈论工作的时候。

越俎代庖，该你倒霉了

> 无论代替上司决定的事情有多细微，你都不能忽略“上司同意”这一关键步骤。

如同阶级社会一样，办公室同样等级分明。上司就是上司，下属就是下属，无论什么时候，只要上司没有授予你定夺的权力，你就不要越权，擅自替上司决定任何事情。否则，吃亏的人绝对是你。

一个作家在某出版社出版了一本书。书上架之后，作家只收到出版社寄来的一本样书。但他想多要几本送给朋友。于是，他打电话给出版社总编。恰巧总编有事外出，总编助理李小姐接了电话。

“麻烦你转告一下总编，我想多要几本样书。”“这个没问题！您直接派人过来拿就行了。”李小姐很爽快地答应了对方的要求。

作家忙完手中的事，正打算喊自己的助手去出版社拿书，就接到了总编的电话。“真是不好意思，刚才您打电话时我没在办公室。我已经派人把书给您送过去了，大概两个小时之后就可以到您那儿了。”

放下电话之后，总编把李小姐叫到了办公室。

“为什么没经过我的批准，你就同意增加样书？”总编平静地问道。“因为我知道你一定会同意的，为了提高做事效率，就当即答应了。”李小姐以为上司会表扬自己，笑眯眯地回答道。

“你做主，还是我做主？”总编语气未变，但语调明显低沉了许多。李小姐愣住了，一脸无辜地追问道：“我、我做错了吗？”“你做错了！”总编斩钉截铁地说。

看到这里，你一定会想：明明总编会答应作者的请求，李小姐只是没有多此一举地报告一下而已嘛，也没有做错什么呀，对不对？如果说“对”，那你就错了！正如总编所说：“你做主，还是我做主？”

既然对方点名找你的上司，作为下属就该转告，而不是替他做主。如果人人都可以替上司做主的话，那上司这个职位岂不成了“虚职”？上司的领导威严又被放在了何地？

虽然李小姐的自作主张并没有给公司造成什么利益损失，但这种做事方式所带来的对职场上的等级关系及人际关系常态的冲击，却是十分明显的。所以说，李小姐有错，错在不懂人性，更错在不懂工作伦理。

在工作中，你要有严格的界限意识。对于一些事情，在你的授权范围之内的，你可以做，但也别忘了向上级汇报。一旦待办事件超过了你的授权范围，哪怕只超越了一丁点，你都不要擅做决定，而是要按部就班地向上级请示。

最受华人推崇的实战型培训专家余世维先生在授课过程中曾谈到过一件

类似的事情。

余先生授予他的店长10000元钱的签字权限。有一天，余先生在查账时发现，有一个10050元的单也是店长签的字。于是，余先生把那位店长叫到办公室，问他怎么回事。

店长看着余先生手指的那笔签单，满不在乎地说："您是说这笔单啊！那次客户来找您签字，您正好出去了，没在办公室，我看10050元和10000元也没差多少钱，就代您签了。"

余先生听完店长"理所当然"的解释，什么也没说。一星期之后，余先生找了个借口把店长的这个权限收了回来。在余先生看来，店长现在觉得差50元是差不多，那以后差500元、5000元也会觉得没差多少。

为了公司的管理规范，我们做下属的一定要严格按照工作流程行事，千万不要越权，哪怕一点点。第一次上司可能不会说你，但两次、三次之后，上司可能就不再信任你了。

上司毕竟是上司，作为下属，不管你和直接上司的职位有多小的差距，你都必须牢记一条：你的工作是协助上司完成决策或是执行决策，但绝不是替上司制定决策；无论代替上司决定的事情有多细微，你都不能忽略"上司同意"这一关键步骤。

撒谎，是不可饶恕的过错

任何不诚实的行为，都是不可饶恕的大错。

俗话说“人非圣贤，孰能无过”，不管在工作还是在生活中，谁都有犯错误的时候。工作上的偶尔失误，或者个人能力上的欠缺，都不是什么原则性的大错，都是可以原谅并能给予弥补的。失误可以纠正，能力可以通过努力得以提高。然而，我们千万要记住：有些原则性的错误是犯不得、不能犯，也是无法弥补的。

以下几项，大家在工作中一定要重视：

第一，忠诚之错不可犯。

第二，常识性的错误不可犯。

第三，明知故犯，不可饶恕。

第四，连续犯同样的错误是不容易让人原谅的。

刘某走了。

刘某万万没有想到的是，我竟然会“炒”他。

昨天早上，我还告诉过他，根据他的工作表现，根据他一段时间以来的工作成绩，公司决定，从这个月起，每月给他增加300块钱的工资。然而，在仅仅过了24个小时后的今天早上，我却又将他叫到办公室，用了10分钟时间，向他证实了一件事情，然后就请他去有关部门办手续，“拜拜”了。

其实，很多人都曾经不止一次地向我反映过，刘某很有才气，本来学历就高，人看上去也鬼精鬼精的，聪明得很。在实际工作中，他还算是称职，对工作的态度也还算是尽心，正像有人向我夸赞他时所说的那样：这人很有两把刷子，活干得真漂亮。甚至有过不止一两次，别人拿不下来的活，后来让他上，竟然就解决了。

平心而论，我对他在工作上的表现是满意的，也曾多次当众给过他一些鼓励，否则也不会给他加工资。

今天早上，刘某走进我办公室的时候，我刚刚打完一个电话。像平时一样，我还是请他坐，允许他抽烟。看得出来，他好像有些不安，也不像平时那么坦然和轻松。

一会儿，刘某便不得不向我承认，他昨天私自向对方索要了百分之五的回扣。

……

百分之五，目前来看虽然是个小数目，但所谓“街亭虽小，关系重大”（久而久之，公司的各种规章制度就会被各级员工以各种理由一一攻破，成了好看的文件摆在公司的档案柜里），我也只好学学古人了，“斩马谡以示众”。

警惕下一次“百分之五”事件的发生，警惕灰色人格可能对我们的侵染，这是刘某留给我们的警示。

“一个人有可能在某一个时刻欺骗某一个人或者所有人，但绝不可能在所有时候欺骗所有人。”这话是美国总统林肯说的。

十几年前，有个姓陈的小伙子高中毕业就去了法国，开始了半工半读的留学生涯，生活相当艰苦。渐渐地，他发现当地的车站几乎都是开放式的，不设检票口，也没有检票员，甚至连随机性的抽查也很少。

从此，他经常逃票上车，偶尔被查到也不以为耻，还心安理得地宽慰自己：“穷学生嘛，能省一点是省一点。”

四年过去了，名牌大学的金漆招牌和优秀的学业成绩让他充满自信，他开始频频出入巴黎一些跨国公司的大门，踌躇满志地推销自己。然而，令他意料不到的是，这些公司都是先对他热情有加，数日之后，却都婉言拒绝。这令他感到莫名其妙。

他百思不得其解，最后写了一封措辞恳切的电子邮件，发送给了其中一家公司的人力资源部经理，请他告知不予录用的理由。当天晚上，他就收到了对方的回复：

“尊敬的陈先生，我们十分赏识你的才华。但在我们调查了你的信用纪录后，非常遗憾地发现，你有三次乘车逃票受罚的记录。我们认为此事至少证明了两点：第一，你不尊重规则；第二，你不值得信任。鉴于以上原因，我们不敢冒昧地录用你，请原谅。”

发生在刘某身上的“百分之五”事件、陈某身上的逃票事件给我们每一位在职员工敲响了警钟：为了你的未来，请不要跟“魔鬼”打交道。

除了吃回扣、贪图小便宜之外，送礼、贿赂、说谎、虚伪、逢迎拍马……这些都是“魔鬼”。“魔鬼”有时确实会让你得到“easy money”（来得容易的钱），但是所有人也都会察觉，你不再是一个可信赖的人。

惠普中国区助理总裁高建华在其著作《笑着离开惠普》一书中也提到了一件类似的事情。

几年前，有一个业务水平很高的专业技术人员在出差回来报销出租车费的时候（那时候还是手写的发票）做了手脚。车票上原来的金额是40元，那名员工改成了140元。

公司财务人员看出了破绽，经过与出租车公司核实，发现那位员工的确作假了。于是公司财务部门把这件事通报给了那名员工的上级经理，同时通报了公司的人力资源部。

那名员工面对顶头上司的质问只好承认了，同时还非常真诚地希望公司能给他一次改正错误的机会。他表示会用实际行动来报答公司，会加倍努力地工作，毕竟只是100元钱的“小问题”，与他一个月近万元的收入相比，算不上什么。

但是，这名违规员工还是被开除了。虽然他的工作能力很强，少了他，公司的业务会受到很大影响，但是公司无法容忍员工撒谎和作假。任何不诚实的行为，都是不可饶恕的大错。

利用公司资源打印私人文件、将公司的复印纸拿回自家一沓、趁主管不在玩会儿游戏等行为，虽不如吃回扣行为来得恶劣，但便宜占多了，占习惯了，就会令人堕落、退化，丧失独立生存的能力，成为公司的寄生虫。

领导不和我沟通，我就不和领导沟通

信守“沉默是金”无异于慢性自杀，不会有什么前途。

要想在职场上脱颖而出、活得精彩，仅有一技之长远远不够，还要懂得交往、沟通、协调、合作。而我们当中的不少人都很怕上司，恨不得见了上司绕路走。尤其是出了什么岔子之后，最怕的就是和上司聊天，甚至有的人日夜担忧，急出毛病来。

殊不知，和上司进行沟通、交流是极为重要的，是在职场获得更多资源、赢得更多帮助的制胜之策。据统计，现代工作中的障碍50%以上都是由于沟通不到位产生的。一个不善于与上司沟通的员工是无法做好工作的。

郝蕾是一名刚走出大学校门的财会专业应届毕业生。有一天，她到一家公司应聘财务经理助理的职位。凭着扎实的专业基础，郝蕾过五关斩六将，终于通过了公司组织的一系列专业考试，成为仅存的两位备选人之一。最后一个环节是财务经理本人的亲自面试。

当郝蕾进入财务经理的办公室时，财务经理正在用手机打电话。他一边打电话一边示意郝蕾："请把文件柜里的红色文件夹拿给我，我需要告诉对方一些数据。"

郝蕾放下自己的拎包走向文件柜："好几个红色文件夹呢，到底要拿哪一个呢？"面对文件柜里的六七个红色文件夹，郝蕾犯了难。但经理正在忙着打电话，自己也不方便过多地打扰。

"常用的应该在最外面吧。"郝蕾把最外边的红色文件夹拿出来递给了财务经理。

财务经理看都没看就放在了桌子上，然后说："面试结束了，你可以走了，很遗憾。"

郝蕾一头雾水："您一直在打电话，什么也没问我，面试怎么就结束了呢？"

"刚才我让你拿文件夹的过程就是面试。"财务经理如实相告。

"我已经给您拿过来了。我不明白我哪里做错了。"郝蕾仍然找不到头绪。

"在这个过程当中，你一共犯了三个错误。"财务经理说，"第一，文件柜里共有七个红色文件夹，上面有编号，你没有问我需要几号文件夹，而是随便拿来一个；第二，对方在急切地等待我的数据，而且长时间占用网络也需要多缴费用，你应该跑向文件柜以节省时间；第三，你在拿到文件夹的同时应该问我需要哪些数据，然后翻开找到再递给我。我的解释你满意吗？"

听到财务经理给出的有条有理的分析，郝蕾无言以对，只能后悔自己当初为什么要自作聪明，而不问一下经理。

领导不与你主动沟通的原因很多，可能是有意考验你，或者是领导风格所致。如果你不主动与领导沟通，可能就会丧失展示自己才华的机会，而错失发展良机。

在执行任务的过程中，下属一定要积极主动地与上级进行沟通，这样才会和上级始终保持一致性，避免执行发生偏差。

每家企业都可以说是人才济济，在这样的环境中，信守“沉默是金”无异于慢性自杀，是不会有什么前途的。而正确的工作态度和一定的工作成果，充其量只能让你维持现状。如果你想真正有所成就，就必须主动积极地与上司沟通。

因为通常情况下，领导往往是孤独的，更渴望有人与他沟通。工作中的思考与困惑、有助于团队的建议或有益于企业发展的想法，你都可以主动与领导进行沟通。这能让你的工作技能得到提升，让你的想法及时变成行动，为团队为企业做出贡献。只有这样，你的才华才不会被埋没。

在日常生活中与上司的匆匆一遇，可能决定着你的未来。在电梯间、走廊上、餐厅里遇见你的老板时，走过去向他问声好，或者和他谈几句工作上的事。千万不要畏首畏尾，极力避免让上司看见，或匆忙地与上司擦肩而过。如果你善于沟通、乐于沟通，总有一天会发现，你的工作总是能最好、最快地完成。

有荣誉就上，见责任就让

这是一个要负责的新时代，这个时代不是逃避责任，而是拥抱责任！

人们往往喜欢邀功，却不愿为自己的失职承担责任，甚至为了逃避责任，还会费尽心机地编造种种借口。如果工作进展得不顺利，那肯定是老板的问题；如果家人相处不和谐，那一定是对方的错；如果历史课得了个D，那肯定是因为老师不喜欢我。

在工作中，我们经常能听到各种各样的借口：

“那个客户太挑剔了，我无法满足他。”

“我可以早到的，如果不是下雨。”

“我没学过。”

“我没有足够的时间。”

“我没有那么多精力。”

“我没办法这么做。”

我们还经常会听到有人问："这是谁的错？"你会看到许多人在抵赖狡辩，或者为了推卸责任而指责别人。

归纳起来，我们经常听到的借口主要有以下五种表现形式：

第一，"他们在做决定时根本没有征求过我的意见，所以这不应当是我的责任"。

许多借口总是把"不""不是""没有"与"我"紧密联系在一起，其潜台词就是"这事与我无关"，不愿承担责任，把本应自己承担的责任推卸给别人。

在一个团队中，是不应该有"我"与"别人"的区别的。一个没有责任感的员工，不可能获得同事的信任和支持，也不可能获得上司的信赖和尊重。如果人人都寻找借口，无形中会提高沟通成本，削弱团队协调作战的能力。

第二，"这几个星期我很忙，我尽快做"。

找借口的一个直接后果就是容易让人养成拖延的坏习惯。如果细心观察，我们会发现每个公司里都存在着这样的员工：他们每天看起来忙忙碌碌，似乎是尽职尽责了，但他们把本应一个小时完成的工作变得需要半天的时间甚至更多。因为工作对于他们而言，只是一个接一个的任务。他们寻找各种各样的借口，拖延逃避。

第三，"我们以前从没那么做过"，或"这不是我们这里的做事方式"。

寻找借口的人都是因循守旧的人，他们缺乏创新精神和自动自发工作的能力。因此，期望他们在工作中做出创造性的成绩是徒劳的。借口会让他们躺在以前的经验、规则和思维惯性上舒服地睡大觉。

第四，"我从没受过适当的培训来干这项工作"。

这其实是为自己因能力或经验不足而造成的失误寻找借口，这样做显然是非常不明智的。借口只能让人逃避一时，却不可能让人如意一世。没有谁天生就能力非凡，正确的态度是正视现实，以一种积极的心态去努力学习、不断进取。

第五，“我们从没想过要赶上竞争对手，在许多方面，人家超出我们一大截”。

避免或逃脱责罚是人类的一种强烈本能。多数人在“有利”与“不利”两种形势的抉择中都会选择趋吉避凶。通过各种“免罪”行为，人们可以暂时逃脱责罚，保持良好的自身形象。但如果只愿意接受表扬而不愿意承担责任，那么你永远也别指望错误能得到纠正。

推卸责任的一个潜在心理意识是，看不见自己的问题。知天知地知彼易，知己难，一个人可能知道除自己以外的任何事情，就是做不到自知。

如果那些一天到晚总想着如何欺瞒的人肯将一半精力用到正途上，他们一定可以取得卓越的成就。如果你善于寻找借口，那么试着将找借口的创造力用于寻找解决问题的方法，情形也许会大为不同。

那些实现自己的目标、取得成功的人，并非有超凡的能力，而是有超凡的心态。他们能积极抓住机遇、创造机遇，而不是一遭遇困境就退避三舍、寻找借口。我们必须停止把问题归咎于他人和周围的环境，应当勇于承担自己的责任。一旦自己做出选择，就必须尽最大努力把事情做好，一切后果自己承担，决不找借口，不推卸责任。

胡乱超车要罚款，越级活动要完蛋

越级汇报一直是职场大忌。

“单位好比一棵爬满猴子的树：往下看，全是笑脸；往上看，全是屁股。”这条猴年流行的短信形象地道出了职场中相当常见的一种阶层生态——不可小觑等级的威力。

身为下属，你是否遭遇过直接上司的不公平对待，只因为你将某一问题越级汇报给了高层领导？或许你并没有别的意思，只是因为你的直接上司对你反映的重要问题一再忽略，或者事情紧急、局面复杂等，而你越级汇报给高层领导是出于对工作的认真负责。

但最终结果是，你不但没有得到高层领导的认可，还遭到了直接上司的冷眼。这就是越级汇报带来的后果。

李鑫大学毕业后被分配到市里某区的宣传部当科员，负责该区的宣传活动。李鑫是大众传播专业科班出身，基础理论扎实，常常能从一些不起眼的小事中挖掘出深刻的道理，在各大报纸上发表。

仅仅是一年时间，李鑫负责的那个区就成了全市见报率最高的区之一。而且，在他的努力下，区里还开展了不少群众性工作，很受欢迎，可说是工作业绩斐然。

李鑫在同事中的影响力越来越大，但部门主管却对他慢慢疏远起来，对他的一些合理建议也不予采纳。很快，一年时间又过去了，因为自己的很多想法得不到认可，李鑫觉得很压抑。

为了改变这种工作状态，李鑫越过部门主管直接找经理谈了自己的想法和计划，希望得到支持。但令他难以接受的是，经理不但没有给予他支持，反而将他越级汇报的事告诉了他的直接上司——部门主管，这引起了对方的强烈反感。

李鑫很迷惑，难道自己做错了？

我们不能说李鑫越级汇报的行为是错误的，但可以断定，越级汇报绝对属于非常规武器，是不值得提倡的。

1.越级汇报会将自己置于被动境地

从李鑫的工作经历来看，他的智商挺高，但其职商（出自著名职场培训师吴甘霖之口，其含义是：在职场中成功的素养及智慧）却很低，以致做出越级汇报这种不当之事。

在职场励志小说《丁约翰的打拼》中，作者柴志强就明确指出，越级汇报一直是职场大忌。

虽然李鑫越过部门主管向经理汇报有其原因与理由，但对于作为高一层领导的经理来说，他不得不考虑部门主管的威信、情绪等因素，不能不维护中层管理阶层的领导权威。所以，李鑫得不到经理的支持也就在情理之中了。

要切记，老板的老板和你的关注点永远是不一样的。与其承受越级汇报的高风险，还不如管理好现在的老板。

2.从管理的角度来看，越级汇报本身是非常错误的

一个公司像一部复杂而严密的机器，钉是钉，铆是铆，每一个部件都在一个固定的部位发挥着不同的作用，以保障整部机器的正常运转。越过自己的直接上级，跳到高一层领导那儿做汇报或反映问题，就程序而言，是一个严重的违序问题，它打乱了组织管理层序，使层层负责的制度受到了干扰。

在一家大公司里，如果越级汇报成为一种经常性的现象，大家都采取越级行为，动不动就找最高老板，那中层管理者就会被架空而失去应有的意义。

况且大多数领导都是好为人师的，你向他请示，有时候不仅仅是工作的需要，更是对领导的尊重！而越级汇报则会使你的直接上级脸面无存，极易使你和直接上级之间产生深刻的矛盾。李鑫越级汇报的事让部门主管知道后，引起对方的强烈反感就是佐证。因为你的越级行为会引发直接上司的一系列猜疑：你有没有在高一层领导面前讲自己的坏话？你是不是想趁机表现？……

总的来说，员工的越级行为多半会以自己的失意而告终。也许当时就某件事情本身而言，你可能赢了，但长远看，基本上还是输了。尤其是在外企，越级行为被认为是最严重的违纪行为之一。

唐骏在微软任职时，也曾因一时的年轻好胜而做出过越级汇报的行为。

在做出Windows操作系统的新开发模式方案，并获得实验模块的测试成功之后，我非常兴奋。带着些许想一鸣惊人的念头，我给比尔·盖茨写了一封电子邮件。在邮件里，我把自己新开发模式的想法、内容悉数写下来，附件里还附上了模块范本所得出的详细结果。整封信写得很长。

盖茨给我回了一封短信。他说："我没有时间看你的具体的东西，我建议你和你的直接领导沟通一下。如果能证明这是一个很好的想法，我相信你的主管会很感兴趣。"

盖茨的回信惊醒了极想得到最高老板认可、全身心都沉浸在成功喜悦中的有点心高气傲的唐骏。盖茨的智商不容怀疑，但其职商更可称世界一流。面对唐骏的越级行为，盖茨在回信当中并没有表扬他，也没有批评他，更没有把信转发给唐骏的直接领导，而是教给唐骏正确规范的与上级沟通的方法——先和直接领导沟通，再一级一级地向上汇报。

职场中人要谨记，胡乱超车要罚款，越级活动要完蛋。越级汇报绝不是职场制胜的法宝，却极有可能成为一颗埋在你身边的定时炸弹。稍有不当，你不但会直接得罪你的上级，更有可能给你的上级的上级留下目无法纪的负面印象。

再者说了，如果你的上级的上级完全听信于你，那不就等于是变相承认自己的用人失误吗？没有人会傻到搬起石头砸自己的脚的。因此，许多职场专家奉劝各位，切莫越级汇报，尤其是书面汇报。

如果非越级不可，也别忘补救

越级汇报结束后，要向你的直接上司做一次坦诚的交代。

越级汇报在职场上是一件大不敬的事，是不被提倡的一种沟通手段。但在或越级汇报或走人的情况下，我们又该如何选择呢？对职场中人来说，不是不可以越级汇报，而是要想明白怎么汇报及如何处理汇报之后的一系列事件。换言之，就是怎样越级汇报才能既达到自己的目的，又不伤害到别人。

什么情况下可以越级汇报？

对于这个问题，《南方都市报》记者黄河方在其名为《就算“越级”有理，也别忘补镬》的文章中，给我们提供了明确答案：

1.报告的内容是有意义的

什么是越级报告必须进行的情况？仁者见仁，智者见智。但在专家看来，在等级行政结构框架下，以公利为出发点和归宿的越级报告是有必要的，是对程序化制度局面的有益补充，而夹杂有私利的越级报告是不必的。

在越级报告前，必须保证报告的内容是有越级报告的意义的，而且直接上司已经从你这里听取了相同的内容；只是由于他的忽略或者事情的紧急性、局面的复杂性等原因，导致你必须越级报告。

2.报告的内容是跟直接上司沟通过的

越级报告之前，要与直接上司进行必要的沟通。特别要注意以下几个方面：

◎注重沟通的场合、时间、地点的恰当性，避开无关人员。

◎抱着尊敬的态度，令直接上司真切地感觉到你不会伤害到他。

◎意见相同的时候，要真诚地赞扬对方，把赞扬给别人，不要借此强调“自己其实也想到了”；意见相左的时候，不要当面顶撞，寻求可以局部赞同的方面，以此引申展开，很谦虚地提出自己的建议。

◎即使在处理事情上有不同的观点、原则，也要从情感上表达出你作为下属对直接上司的认同。

◎平时不忘塑造融洽的关系，当事件严重、紧急时，应凭此融洽关系，结合上述四点要求据理力争，以表明自己内心的真诚挚烈。

比如，公司突然发生了一件紧急、重要的事情而必须向主管汇报，但直接主管正好不在，如果等他回来再汇报的话，时效性方面并不允许。此时，下属应该果断地向更高一层的主管汇报，以避免误事。

再比如，作为下属的你，针对公司存在的某一问题提出了自己的意见，经过与直接主管充分沟通、讨论之后，仍然未被直接主管采纳。但你坚定地认为自己的意见有一定的建设性和重要性，有利于公司的发展，而直接主管未采纳可能是其思考上的盲点所致。此时，你就可以越级向更高一层的主管汇报。

但是，如果你越级汇报的初衷是故意诋毁你的直接主管，或是为了跟更高一层的主管套近乎，为自己的晋级铺路搭桥，那你就趁早歇菜吧。因为没有哪个领导会喜欢一个越级讨好的“马屁精”的，那样做只会让你“偷鸡不成反蚀把米”，给你的上级的上级留下一个“投机分子”的坏印象。

越级报告过程中的注意事项

第一，如果是口头报告，要注意以下几点：

◎要郑重声明事情的严重性、紧急性。

◎要着重声明自己的不得已，以及对直接上司的无意冒犯。

◎在报告过程中，既要简洁准确地说明事情的原委，又要有意表达出自己对直接上司的偏袒，即你相信这是一次特例，你的直接上司此次处理不当只是一个意外。

◎若上层领导赞同你的报告内容，你应将功劳归于你的直接上司。

◎报告完毕后，你要主动请上层领导原谅你的越级行为，而不是期待他对你进行赞赏或奖励。

第二，如果是书面报告，则要注意以下几点：

◎尽可能使用图形直观地说明问题，提高报告的可看性。

◎贯穿于报告中的语气一定要诚恳谦虚，从文字上消除否定上级的痕迹。

◎在将越级报告发送给上层领导的同时，抄送给直接上司，因为大约有70%的越级报告都会回到报告人的直接上司手中。与其这样，还不如自己先下手为强。

◎报告中要少用“以我之见”“我认为”等主观色彩强烈的词语，而多采用一些“综合多方面因素来看”或是“从实际运行的效果来分析”等较为中肯、理性的词句。

越级汇报后要做的善后工作

为了最大限度地减少越级汇报带来的负面作用，你应该在汇报完毕之后主动补救。这个问题在黄河方记者的那篇文章中也可以找到解答：

1.找中间人进行双方面的沟通

越级报告结束后，应及时找一个在你和直接上司之间都可以沟通的人，将你的报告原因、报告方式和担忧告诉此人，由此人在必要的时候转告给你的直接上司。

2.找机会向直接上司坦诚交代

在中间人沟通到位的基础上，向你的直接上司做一次坦诚的交代，不为再次争论道理，也不为解释，只是为了表达情感上的歉意、愧疚、忠诚……

世间的任何事物都具有两面性，越级汇报也不例外。虽然带有诸多的消极作用，但如果报告人操作得当，照样可以从中获得晋升的机会。

从另外一个角度来说，越级汇报还是上层领导了解中层领导的一种方式，甚至是一种牵制中层领导的手段，中层领导者的许多问题都是通过基层员工的越级汇报凸现出来的。越级汇报可以有效地提高组织的运作效率。

但无论如何，越级汇报还是属于非常规武器，不是万不得已，我们还是少用为妙。

21世纪最缺的不是人才，是责任心！

> 不能爱哪行才干哪行，要干哪行爱哪行。

在这个硕士、博士满街走的时代，最不缺的就是人才，而最缺乏的却是责任心。一个人能否被上级委以重任，除了看其能力大小之外，还有很重要的一点，就是遇到问题的时候，他能否站出来，勇敢地承担责任。

“我不清楚这是怎么回事。”

“这笔账是谁谁谁给我做的啊，我不知道。”

“是他让我这样做的。”

“我本来要这样，都是他……”

如果您觉得这些话语很熟悉，那是不奇怪的，因为这些话可能是我们自己或者是我们身边的同事和朋友曾经不止一次说过的。仔细观察一下，你会发现，当出现问题、遭到他人责问时，身边有无数人在第一时间都是这种反应。

一家香港公司在深圳设置了一个办事处，只有一位主管和一位职员。按照国家规定，不管规模大小，所有办事处在刚成立时都需要申报税项。但由于当时很多这样性质的办事处都没有申报，外加该办事处没有营业收入，所以这家办事处就随大溜，抱着一种侥幸心理没有申报任何税项。

然而，两年后的某一天，深圳税务局在一次申报税项大检查中发现这家办事处成立了两年，竟然没有申报税项，更没有纳过一分钱税，于是做出了罚款决定，数额达几万元。

办事处的香港老板知道这件事后，很是气愤，责问那位主管："你当时是怎么想的，为什么不申报税项，导致公司要承担数万元的损失？"

谁知那位主管非但没有做出检讨，主动承认错误，反而振振有词地说："当时我想到了要申报税务，但我手下有个职员说很多办事处都不申报，我们也不用申报。另外，考虑到这样可以给公司省些钱，我也就没再过问。不管怎么说，这件事自始至终都是那位职员全权负责的。"

老板又找到那位职员，问了同样的问题。

谁知，那位职员也理直气壮地说："在办事处成立之初，我把是否要申报税项的相关情况都跟主管做了汇报，由主管做出最后决定。他没跟我说，我也就没申报。"

听完他们各自自保、"有理有据"的辩解之后，香港老板当即把两个人全部辞退了。这样的下属是没有哪个老板会欣赏的。

责任感是一个人能够立足社会、获得事业成功的至关重要的品质之一。一位知名企业家将缺少责任感的员工形容为"公司蛀虫"，认为他们不但不会为公司做出大的贡献，而且很有可能成为公司发展的"绊脚石"。

对于承认错误和担负责任，人们往往怀有很深的恐惧感。这无可厚非，因为承认错误、担负责任往往与接受惩罚相联系。所以，当出现问题时，人们会本能地选择推卸责任，错误都是别人的，与自己没什么干系。

不要自作聪明，认为别人都是傻瓜，看不出你在逃避。你为撇清自己的责任而做出的那些无力的辩解，以及一些粗糙的借口，不但不能带你走出困境、推掉责任，反而会让你的上司感到你这个人很难沟通，并且很不真实。

可以说，对于一个犯了错误的员工而言，最愚蠢的事情就是推卸眼前的责任。与其千方百计地为自己的失职找寻借口，倒不如坦率真诚地承认自己的失职。没有谁能做得尽善尽美，但是，一个主动承认错误的员工至少是勇敢的。

责任向来都是与机会携手而行的。负担的责任多一些，成功的机会就会多一些。如果你是一个负责任的员工，问题绝不会长期存在于你面前；如果你是一个认真的员工，失败也绝不会长期把你死死缠绕。责任加上认真，天下就再无难事。

王先生是一位兢兢业业工作了二十多年的老技术工人。工厂因为发展需要，特意从国外引进了五台工业用的大车，由王先生负责技术维护。

可是还不到半年时间，这五台车突然不工作了，怎么也发动不了。于是王先生带领技术组到车上找原因，同时也联系了生产该车的外国技术专家。

外国专家在了解了有关情况之后，得出的结论是：故障是工厂工人操作不当引起的，他们不负责维修。

对于工人的操作是否规范，王先生心里非常清楚，他和所有工人都非常重视这一点。他敢打包票，工人完全是按照说明书进行规范操作的，没有任何不当之处，但几个外国专家依然坚持自己的结论。

工厂领导犯了难：如果承认工人操作不当，那么厂家就不负责保修，五台车的维修费用要自己掏，算下来怎么也得两百多万元；可是如果不承认，自己又拿不出有力证据。

就在领导准备咬牙承担这笔巨大损失时，王先生坚决不同意。他亲自带领几个技术骨干，在车上一待就是几天，用各种检测工具一点一点地检测各种数据。

终于，在第四天早上，王先生在一组数据中发现了问题。这组数据可以证明，这五台车在生产设计时就存在着严重的问题。

当王先生把这组数据放在外国专家面前时，一直趾高气扬的外国专家顿时说不出话来。最后，那家生产厂家不得不承认是自己设计时的疏忽导致了故障，维修费用由他们全部承担。

王先生的这一负责行为使工厂避免了很大的损失，领导也从此对他另眼相看，并提升他为工厂的技术总监。

有人因为推卸责任而失去了工作，有人因为承担责任而获得了晋升，两者孰好孰坏，相信不用我多说，你也知道了。

美国前总统杜鲁门的桌子上曾摆着一个牌子，上面写着“Book of stop here”（问题到此为止），这就是责任。总统有总统的责任，员工有员工的责任。总统与平民概莫能外。对于任何一名员工来说，工作都意味着责任。没有责任感的员工不可能成为一名优秀的员工。